奇怪的歷史知識增加了！

★★★

CUPHISTORY

不能只有我知道的
趣味歐洲史

「即食歷史」版主 seayu——著

僅將此書獻給在彩虹橋奔跑的小狗。

輕鬆理解世界的歷史

胡川安／作家、國立中央大學中文系教授

第一次接觸到「即食歷史」的文章是我過去在「故事：寫給所有人的歷史」網站擔任主編的時候，覺得作者的文章輕鬆好讀，很容易入手，即使對於作者文章的時代不熟悉的讀者，都能夠輕鬆地讀完，並且獲得新知。

以前我們學歷史，都覺得要學好學滿，學西洋史要從一開始學起，然後貫通古今，一路從上古、中古、近古，學到現在，背誦一些難以記住的人名、時代，像是：啟蒙革命、法國大革命、英法百年戰爭。但記得多，忘得也多，後來也不記得什麼了。

現在的網路時代，文章第一要吸引眼球，接著引發讀者的興趣，然後由此可以獲得一些知識。我過去在新媒體當主編，覺得現在的讀者不是不閱讀，只是不一定讀紙本的書籍，每天我們在網路上的閱讀量可能超出過去人類的閱讀量。

然而，網路上的文章參差不齊，有些傳遞的是「偽知識」，讀了不僅浪費時間，對於事物的認知也有偏差。作為一個歷史學者，我知道撰寫歷史最重要的就是有所本，要對歷史事件作評價，或是臧否人物，將原本的大惡人說成善人都沒有關係，這些都是對於歷史的詮釋，「即食歷史」的文章對於歷史事實的處理相當謹慎，但又能用引人入勝的方式吸引讀者。

我們對於歐洲史沒有那麼多認識，比較習慣的是台灣、中國、日本與東亞的歷史，為什麼我們要讀歐洲史呢？其實是了解文化差異很重要的一步，對於其他異文化的認識，可以讓我們了解人類的多元性，對於世界不會充滿刻板印象，而會知道所有現在的事情都是慢慢演變過來，不是理所當然的。

如果我們在思考皇帝的時候，通常都會想到中國歷史上的皇帝，但在歐洲歷史上的皇帝又是如何呢？和我們所思考的皇帝有很大的差別。中國的皇帝從秦始皇開始，但歐洲則從羅馬帝國開始。由於凱撒的養子屋大維繼承了獨裁的權力，成為羅馬第一個皇帝，但後來歐洲很多的皇帝都是繼承了凱撒的名字，成為皇帝的代名詞。

即使對於西洋史沒有興趣的人，可能也聽過吸血鬼的故事。但吸血鬼最早的故事是從何而來呢？為什麼會變成後來的嗜血的形象？並且變成文學和電影中的主題呢？也許大家都想不到，吸血鬼的故事是來自羅馬尼亞，一個我們不熟悉的國度。由於當時歷史的情勢，羅馬尼亞夾在匈牙利和鄂圖曼帝國之間，信仰穆斯林的土耳其人遇上基督教國家，兩方在戰爭上的鬥爭還引發了宗教上的認同，但究竟為什麼會變成吸血鬼的傳說呢？在此我就不破哏了，由讀者自己去讀。

我們目前正面臨疫情的問題，但人類面對疾病並不是新鮮事，當我們覺得兩年沒辦法去日本就很痛苦的時候，看看歷史上人類面對疫情，死傷的人數都讓我們驚訝。而且人類面對瘟疫的時候，不僅會造成人命的死傷，可能也改變了歷史的進程。當我們面臨了百年大疫的時刻，是否也能體會到未來世界局勢的發展將有不同呢？這就給讀者自己去想想了。

很高興「即食歷史」的文章不僅在網路上發表，還可以集成書。我建議讀者不一定要從頭開始讀，看著目錄找自己有興趣的篇章，每天在閒暇的時候讀一點，不一定對人生有幫助，但腦袋裡一定會增加些豐富的文化和歷史知識。

一切歷史皆是人性

海獅／歷史作家

在某些夜深人靜的時刻，我總是會問著自己：為什麼要做歷史普及？

在我的義務教育年代裡，這是一門大家認為「反正背下來就對了」的科目。那時的我們總是會對課本裡面的各種年代、事件、人名恨之入骨：事情過去都過去了，幹麼還要知道這些東西？然而在學生已經開始興趣缺缺的同時，制定課綱的老師們，卻仍然心心念念著要怎樣「給予」學生更多東西：要能分析文本、要能思索議題……彷彿想把他們一生所學的一切知識精華，全部灌輸給那些可愛的幼苗們。

回來台灣做歷史普及的這幾年內，我深深看見兩造之間的深刻隔閡。雖然一方面也理解老師們的良苦用心，但另一方面我們也看到本來就已經一頭霧水的學生變得更加抗拒。面對這樣的環境，我們心想：到底有什麼方法，能夠建立兩者之間的橋梁呢？

最後我自己得出來的結論就是，歷史中最能吸引大眾讀者的，其實就是「人的故事」。

＊＊＊

不管相隔了多少年代、多少階級，人都會經歷最基本的悲歡離合。當讀者在看見與自己相似的喜怒哀樂時，就會對歷史中的人物產生共鳴，無意間會開始發覺，我們其實離過往並沒有那麼遙遠。從以前聽聞「即食歷史」大名之後，我就會去看他網站上的各種歷史人物故事與隨筆。從輕鬆好入口的「輕圖說史」、到較為嚴肅的閱讀心得，都可以看得到他對歷史普及的用心。而當這本書出來時，你也能看見整本書中處處都充滿人的故事。

當你看到面對國仇家恨、轉身成為「穿刺公」的吸血鬼原型弗拉德三世；當你看到千年前的君士坦丁堡被瘟疫席捲、面對死亡橫行卻無能為力；當你看到努力勤奮到每天早上四點起床、卻無力阻止自己帝國日薄西山的奧匈皇帝法蘭茲·約瑟夫，你真的可以感受到他們在面對某些歷史的極端情境時，所體現的憤怒、焦躁、哀戚最後無力。

透過細膩的文字描述，讀者彷彿穿越了時間與空間、與歷史人物一起經歷了同樣的生離死別、體驗到了相似的心路歷程。這也就是為什麼當我們脫離學校、脫離那對分數錙銖必較的情境中後，不少人反而會開始主動拾起歷史的書本、津津有味地讀了起來，甚至在某些人生難關中，獲得重新站起的力量。

等到培養起足夠的興趣以後，希望就能帶領大家從「故事的世界」逐漸深入到「歷史的世界」——探究歷史中的人群、他們的時代、他們的經濟與生活。了解時代如何演進、最終如何演變為我們現代的樣子，並試著去理解推進時代變遷背後的種種因素。這些都是非常有趣而深刻的。

＊＊＊

過去，我的確是抱持著這樣的理念做著歷史普及的工作。然而時間與能力畢竟有限，讓我發現所有這些工作都得集結眾人之力。聽聞「即食歷史」上面的所有文章都是一人所寫，讓我深深感受到他強大的創作能力，祝福也希望未來能夠一起努力，為文化與歷史圈盡一點微薄之力！

作者序

我常常在思考，「歷史」究竟是什麼。

如果說「歷史」就是過去，那麼五千年前古埃及人做的一件在當時無關痛癢、但卻留下紀錄的事情，到今天便會成為現代人研究古人歷史的重要證據。如果以此為定義，同時也代表了任何現代人在昨天做過的事，都會成為歷史一部分。

愛爾蘭作家暨詩人王爾德在著作《身為藝術家的評論》中曾經提到：「任何人都能創造歷史，唯偉大的人才能寫出歷史。」我認為這句話有兩個層次的解讀。最表面的，是那些具時代影響力的偉大人物，其事跡言論會被記錄下來。可是平凡人諸如我和你，雖然每分每秒都在創造「歷史」，卻大多時候無法成為真正流傳的證據。更深層次的解讀，則是人人每天都在不經意地創造歷史，但實際上後世只在意任何被記錄和流傳下來的事。因此，執筆記錄歷史的人必須經過思考過程，釐清和選擇有意義的事記錄下來，讓後世能夠理解當時所發生過的人和事。在這種情況下，思考比實踐更困難。

寫歷史文章的人，也許如此。

六年前，我並未閱讀過王爾德的這篇著作。我是個非專研歷史學問的人，工作上更是與歷史或文字風馬牛不相及。然而，人類文明延續數千年，每天在我們身邊周遭發生的事情，都能與歷史原因連結，在人類過去中找到一點端倪。對於一個好奇這個世界的人，喜愛歷史是理所當然的。在我看來，歷史是全人類撰寫的一部超長著作，是文化瑰寶，也是最精采的故事。

我來自一個對歷史不太重視的地方。也就是這樣，才令我毅然決定，尋找方法告訴別人：歷史也可以讀得很有趣！而王爾德便給出了答案。

對我來說，「即食歷史」是個實驗，測試如何利用文字和其他方式，把許多人覺得「平鋪直敘」的歷史栩栩如生地表現出來，讓不多接觸歷史的人，都會對其感興趣。推廣歷史是目標，寫作技巧是實踐工具。文筆需要時間磨練，資料需要時間求證，每一篇寫出來的文章，背後花的是時間和心思。

記得「即食歷史」成立初期，以一幅圖片加兩三句句字，以非常簡單方式向讀者提供歷史資訊，最初認定這是最容易和最有效吸引人看歷史的方法。然則在過去數年經營專頁經驗所得，讀者或許對歷史事件連貫性不太熟悉，有時候過於碎片化的資訊，更難以讓讀者貫通時代發展脈絡，理解事情發生的因與果。於是，每寫一篇文章，要避免字數過多之餘，又能達到吸引讀者閱畢，便成為了「即食歷史」的核心價值。

我出身數理訓練，寫作不是我強項，但因為懷著推廣歷史抱負，一直堅持到今天。有時候，我會想起羅馬帝國皇帝——馬可．奧理略。

他是西元二世紀的皇帝，也是在整個羅馬史裡最令我敬佩的皇帝。他生於盛世羅馬，但當他接任帝位後，羅馬帝國卻開始呈衰敗之勢。他愛好和平，羅馬帝國卻邊患嚴重，只好多次親自前往戰場指揮抗敵。然而，奧理略不擅長也不喜歡打仗，但因有極重責任心，每天生活在極大壓力下。為讓自己開懷，他醉心研究哲學，著有《沉思錄》，內容展現了他無比痛苦和思緒。而且，他是當時首位在邊境打仗時病逝的羅馬帝國皇帝，在他死後，羅馬帝國便衰落了。

不擅長卻盡力完成他的人生，成為我不斷寫下去的模範與動力。

最後，很感謝支持「即食歷史」的所有粉絲，也很感謝出版社同仁，沒有您們的鼓勵和支持，就不會有這本書的出現。希望手拿著這本書正在閱讀這篇序的您們，能夠同樣感受和分享到我的喜悅。期望未來有機會，能在文章寫作再做更多實驗，繼續貫徹始終為大家帶來易懂有趣的歷史故事。

二〇二一年十一月十五日

目錄

PART 2 / 大家都愛聽的歷史趣談

PART

3 / 那些年站C位的歷史人物

PART

1

奇怪的歷史知識增加了

原來叫亨利不能當國王？吸血鬼德古拉不是虛構人物？希臘時代原來有堪比新阿姆斯特朗炫風噴射阿姆斯特朗砲的希臘火。

你我想知道的奇怪歷史知識都在這裡！

叫亨利的不能當國王：英國王室各種取名忌諱

✧ 為什麼英國歷史上沒出現「亨利九世」？

早前哈里王子（Prince Harry）及其妻梅根（Meghan Markle）決定放棄英國王室身分和公職，宣布從王室中獨立，並移居北美。白金漢宮也在不久後證實了這點，他們將不再使用「殿下」的頭銜，不再代表英國女王和收取任何公款。

哈里王子是已故王妃戴安娜的兒子，他的全名是「亨利．查理．阿爾伯特．大衛」。也就是說，他本名就是「亨利」，一個很久沒有再出現在英國王室的名字。原來，英國王室有個傳統，會棄用一些名字作為潛在的君主之名，而「亨利」便是其中一個。

英國上一位名叫「亨利」的國王便是人所共知的亨利八世，他因為自己那六段婚姻而名聲不太好，不過他在宗教改革上又有劃時代貢獻，使得後世對他的評價好壞參半，因此往後的英國王儲大都不再使用「亨利」這個名字（當然也有例外，但這些亨利王子全都在登基前便過世了）。

一五四七年亨利八世逝世後，「亨利九世」就沒有出現在英國歷史裡。我想，戴安娜為自己的兒子定名為亨利時，應該是力排眾議。當時宣布王子名字時，可是使英國上下都大為震驚。雖然哈里王子的英國王位繼承順位很低，但萬一他在機緣巧合下登基，英國也許就會出現亨利九世。

✧英國史上獨一無二的「約翰」王

除了亨利外，英國王室也棄用了另外一些名字，「約翰」（John）便是其中之一。在英國歷史裡，只有一位中世紀的英格蘭君主名叫約翰，也就是綽號「無地王」的約翰（John the Lackland）。史學家只稱呼他為約翰，沒有約翰一世、約翰二世諸如此類的，就因為只有一個約翰國王，而他可算是英國史上最不堪的君主了。

約翰是十二世紀時英格蘭金雀花王朝的國王。當還未登基時，他便向父王和兄長造反。登基後，還曾麻木不仁地殺了跟自己爭位的姪子，甚至想休妻再娶，搶別人家的老婆卻不肯付出代價。後來他又惹怒法國國王，丟掉了諾曼第這片英格蘭在法國北部的土地。英格蘭貴族十分不滿他的統治，於是集結起來出兵教訓了他一頓。約翰求饒，只好答應了貴族的要求。貴族為國王訂立了很多規矩，約束約翰的行為舉止，這些規矩後來變成了約束君權的《大憲章》。因此，約翰對於英國人來說是個很丟臉的國王，往後就再沒英國君主肯使用「約翰」這個名字了。

✧被送上斷頭台的「查理」王

「查理」也是英國王室傾向不使用的名字。話說十七世紀時有位英國國王名叫查理一世，同時是英格蘭、蘇格蘭和愛爾蘭的國王。他在位期間因為在宗教上多次政策失誤而使國內出現宗教分歧。加上他主張君權神授，更與議會產生了嚴重矛盾，導致英國爆發兩次內戰。他最後兵敗被捕，後來被國會領袖克倫威爾（Oliver Cromwell）處決，成為英國歷史上唯一一位被處決的國王。此後，除了他後來繼位的兒子還叫查理（快樂王查理二世）外，就再沒有英國君主使用查理一名，所以也就沒有查理三世了。

不過，當今英國王儲、威爾斯親王查爾斯王子的名字，正正就是「查理」！那麼，當他將來登基成為英國國王時，不就是查理三世嗎？其實也不一定，查爾斯王子的全名是「查爾斯．菲利普．亞瑟．喬治」，因為「查理」這個名字有過不好的歷史，搞不好查爾斯王子會採用跟他外公相同的君主之名，稱「喬治七世」，而非「查理三世」呢。

✧ 那些被英國王室退休的名字

除了一些名字會被英國王室棄用外，還有一些名字會被英國王室「榮退」，「阿爾伯特」便是其一。十九世紀時維多利亞女王的王夫名叫薩克森—科堡—哥達的阿爾伯特，與女王結婚後稱阿爾伯特親王。當時維多利亞女王和阿爾伯特親王並沒有實權，女王也不太理會政治。不過，雖然阿爾伯特親王沒有實權和公職，卻為英國推動了很多改革，而且往往堅守君主立憲制下王室的身分和象徵，是當時王室的典範。

他的兒子愛德華七世本名是阿爾伯特．愛德華，因為出於對自己爸爸的尊敬，他登基後放棄使用「阿爾伯特一世」這個父親更應擁有的名字，而改用「愛德華七世」。後來，愛德華七世的兒子喬治，名字也含有阿爾伯特，登基後亦都跟隨父親的做法，不起用「阿爾伯特一世」，而是稱「喬治五世」。

「伊莉莎白」本來也是一個榮退的名字。十六世紀時英格蘭女王伊莉莎白一世對國家的貢獻，使她成為公認的一代名君，往後三百年間都沒有英女王採用伊莉莎白作為君主之名。後來在一九五二年，當今英女王伊莉莎白二世登基時，卻堅持要使用自己本名作為君主之名，所以就出現了「伊莉莎白二世」。不過看來，伊莉莎白二世作為女王近七十年間，她的確沒有使伊莉莎白之名蒙上汙點。

其實還有一些被英國王室棄用或榮休的名字。例如「理查」，據說是因為理查三世殺死自己的兩個姪子並篡位，得位不正，因此不再被後世採用；「亞瑟」則因為亞瑟王傳說的關係，份量太重，也沒有英國君主敢採用，除了亨利八世時英年早逝的王儲亞瑟之外。

選美冠軍伊琳娜：歐洲史上第一位女皇帝

中國第一位女皇帝是武則天，那歐洲第一位女皇帝是誰呢？她就是拜占庭帝國伊蘇里亞王朝（Isaurian Dynasty）的末代皇帝聖伊琳娜（St. Irene of Athens）。

✧是皇帝，不是女皇

可能大家會覺得奇怪，為什麼稱她是「皇帝」，而不是「女皇」。原來，聖伊琳娜皇帝採用的名號並非陰性詞的「女皇」（希臘語：巴西里沙 Basilissa），而是陽性詞的「皇帝」（希臘語：巴西琉斯 Basileus）。單是看這種彰顯男性強悍的做法，我們就能簡單想像到，這個歐洲第一位女皇帝，跟中國的武則天可謂平分秋色。而她們共通之處，也都是憑自己的算計奪得最高權力。

七五二年，伊琳娜生於希臘雅典一個很普通的貴族家庭，後來嫁給了拜占庭帝國皇帝君士坦丁五世（Constantine V）的兒子哈扎爾的利奧（Leo the Khazar，即後來的利奧四世）。至於為什麼她身分不是特別顯貴，卻又能夠嫁給皇室，普遍認為她是在新娘選拔會（Bride Show）中得勝。

所謂新娘選拔會，是拜占庭帝國獨有的東西。它有點像現在的選美大賽，皇室會從帝國每個角落找來漂亮高貴的貴族女子，再透過一系列的選拔測試（當然是美貌和智慧都要並重），選出最合適嫁給皇室成員的女子成為王妃。這種有趣的新娘選拔制度，甚至在拜占庭帝國滅亡後仍出現在俄羅斯帝國宮廷裡。俄羅斯伊凡雷帝的皇后和彼得大帝的母親，都是從新娘選拔會中脫穎而出的。

不過，嫁給拜占庭皇室的伊琳娜，卻不怎麼幸運，因為當時的拜占庭帝國混亂不堪。對內，帝國正處於「聖像破壞運動時期」（Iconoclasm），朝野上下都處於權力鬥爭中，權位朝不保夕。對外，有保加利亞人和阿拉伯人的威脅。

✧ 聖像破壞運動

所謂「聖像破壞運動時期」，是指拜占庭帝國在八至九世紀年間，伊蘇里亞王朝取締國內所有崇拜聖像派分子，並大量破壞聖像的一場宗教紛爭。其實，歷史上從來沒有純宗教教義引發的紛爭。這場鬥爭也不例外，當中夾雜了不同勢力間的政治角力，也就是拜占庭帝國的皇權與東方教會的教權衝突下的結果。那麼，究竟發生了什麼事呢？

拜占庭帝國與基督教是有著不可分割的關係。然而，拜占庭帝國的皇帝認為教權必須置於皇權之下，這點跟西歐的羅馬天主教會很不同。不過，隨著教會在帝國內的財產和影響力日漸增加，帝國內崇拜聖像的行為也變得愈來愈普遍。拜占庭帝國皇帝害怕終有一天教權會大得能夠擺脫皇權的控制，為統治帶來不安，於是透過宣傳崇拜聖像乃違反基督教教義的行為，鼓勵全國人民破壞聖像來返璞歸真，藉

聖像破壞運動。

（圖片來源：維基百科）

此削弱教會的影響力。因此，帝國就分為以皇權為代表的支持破壞聖像派，和以教權為代表的反對破壞聖像派兩大陣營。

伊琳娜出身於希臘，受希臘文化影響較深，她分屬反對破壞聖像的一派。利奧四世繼位後，或多或少受到妻子伊琳娜的影響，開始傾向妻子的立場。他委任了反對破壞聖像的塔拉西烏斯（Tarasius）擔任君士坦丁堡牧首。然而，後來利奧四世又再次改為支持破壞聖像，使伊琳娜十分不滿。利奧四世在位六年，統治期間除了應付國內的宗教勢力，還要不斷應付阿拉伯人的侵擾。不幸的是，利奧四世在一次親征阿拉伯人的戰役中，突然因病辭世。他的溘然而逝，史學家認為很有可能是伊琳娜下毒所致。

◇ 伊琳娜與兒子君士坦丁六世共治

利奧四世早逝，臨終前指定他年僅九歲的兒子君士坦丁繼承帝位，皇后伊琳娜則擔任攝政女皇。於是，伊琳娜成為了名符其實首位歐洲女性統治者！不過，雖然她大權在握，她始終不是帝國皇帝，更非帝國唯一的統治者。君士坦丁六世雖然年幼，但他確是帝國位列第一的統治者，是正統的「巴西琉斯」。

伊琳娜一上場，首先肅清了那些反對她統治的皇親國戚。她識破了利奧四世同父異母的兄弟欲推翻她和她兒子的陰謀，強迫他們成為僧侶，使他們失去繼承皇位的資格，從而穩定了自身地位。然後，就是清算那些支持破壞聖像派，並大肆迫害那些人。七八六年，她委派塔拉西烏斯在首都君士坦丁堡召開宗教會議，同時也邀請羅馬教宗出席。然而，這次會議在舉行前便被支持破壞聖像的軍隊阻攔，會議以失敗告終。伊琳娜老羞成怒，把軍事統帥直接撤換掉，解散了有涉事的小亞細亞軍區，把它的軍事力量併入其他軍區，以防再有類似事情發生。

翌年，會議再一次於君士坦丁堡舉行，歷史有時會稱這次為第二次尼西亞大公會議（Second Council of Nicaea）。這次東西方教會達成共識，解釋對聖像的崇拜為敬拜聖靈而非聖像本身為目的，一致通過崇拜聖像並不抵觸聖經教義，並宣布廢除一切禁止崇拜聖像的法規法

第二次尼西亞大公會議。
（圖片來源：維基百科）

令，所有反對崇拜聖像的人則成為國家公敵，一律開除教籍。自此，支持破壞聖像派銷聲匿跡，東西教會關係變得更緊密，伊琳娜也因此被東方教會封聖，稱為「聖伊琳娜」。不過，這麼強硬的做法，也讓很多人暗地裡對伊琳娜不滿。

七九〇年，十六歲的君士坦丁六世長大成人，希望從母親伊琳娜手中奪回親政的權力。他聯合支持他的軍隊和大臣發動政變，推翻了伊琳娜，宣布自己是帝國唯一的統治者。不過弔詭的是，兩年後他又找回母親擔任共治者，似乎君士坦丁六世是個不太會治國的皇帝，沒有老媽在就無法成事。

✧ 成為伊琳娜皇帝，歐洲史上第一位獨裁的女性統治者

其實，伊琳娜後來能夠奪取帝位，要歸咎君士坦丁六世的昏庸，特別是在軍事方面。他在與保加利亞人和阿拉伯人的戰爭中，不像祖父君士坦丁五世和父親利奧四世那麼強悍，屢屢敗於敵人，使自己的權威一落千丈。他的叔叔們以為這是奪權的大好機會，想在亞美尼亞發動政變，最後卻以失敗收場。作為懲罰，君士坦丁六世挖了他那些叔叔的眼睛，還割了他們的舌頭，殘暴不已。另外，君士坦丁六世還以沒有誕下男子嗣為由，流放了自己的皇后瑪利亞和女兒們，又不理會牧首的反

對，娶了情婦為妻。這些統治上的錯判，讓君士坦丁六世聲名狼藉，不僅對外軟弱、對內殘暴，甚至也不遵守禮節。

伊琳娜知道自己的時代來臨了。七九七年，她聯合主教們和軍隊發動政變，君士坦丁六世逃亡，最終還是被抓回來。伊琳娜下令挖去君士坦丁六世的雙眼，並把他與情婦妻子一同流放，從此消失在拜占庭帝國的政治世界中。伊琳娜成為拜占庭帝國唯一統治者，她決定不採用陰性名號的「巴西里沙」，而採用陽性名號的「巴西琉斯」，自稱「伊琳娜皇帝」，成為了歐洲史上第一位專制女皇，和唯一一個使用男性帝號的女性統治者。

✧ 查理曼的崛起與伊琳娜的覆沒

也許歷史就是環環相扣，沒有這位女皇帝，也就沒有「羅馬人的皇帝」查理曼（Charlemagne），也就沒有後來的神聖羅馬帝國。查理曼是當時西歐最強盛的帝國法蘭克王國卡洛林王朝（Carolingian Dynasty）的國王。雖然他統治著龐大帝國，但卻欠缺統治羅馬人的正當性。羅馬教宗利奧三世（Leo III，這個利奧三世是羅馬教宗，跟拜占庭帝國皇帝利奧四世沒有關係）眼看拜占庭帝國現在的皇帝是個女人，認為在法律上她是非法的羅馬帝國皇帝，於是宣布羅馬帝國帝位懸空（雖然在聖像破壞運動中他支持伊琳娜，但他還是不能接受羅馬帝國皇帝是個女人）。敏銳的查理曼有見於此，覺得獲得統治歐洲正當性的機會來了，毅然出兵義大利，為教宗解除了倫巴底人的威脅。八〇〇年的聖誕節，利奧三世加冕他為「羅馬人的皇帝」，承認他有統治羅馬帝國故土的合法性，從此開啟了中世紀歐洲封建主與羅馬教會微妙的關係，這種微妙關係要過數百年才打破，也因此誕生了怪異的「神聖羅馬帝國」。

故事回到伊琳娜這邊。其實，伊琳娜還曾想嫁給「羅馬人的皇帝」查理曼，以進一步鞏固自己在拜占庭帝國的地位。不過，她想實行前就失勢了。女性統治者在當時絕對是空前的，統治始終不穩，加上她的統治未能爭取到支持，對阿拉伯的戰事更連連失利，內外政策矛盾，導致了朝野上下的不滿。八〇二年，伊琳娜被財政大臣尼基弗魯斯（Nikephoros）發動政變推翻，流放到愛琴海的萊斯博斯島（Lesbos），翌年病故，伊蘇里亞王朝結束。尼基弗魯斯成為拜占庭帝國皇帝，開創了尼基弗里亞王朝（Nikephorian Dynasty）。

這位女皇帝，在動亂中崛起，又在動亂中被淹沒。

◇伊琳娜皇帝對拜占庭帝國的影響

伊蘇里亞王朝的歷代皇帝，對阿拉伯採用了強硬手段，多次擊敗敵軍，保存了拜占庭帝國的完整和權威。不過在七八二年，伊琳娜執掌帝國時忙於爭權，主動與來犯的阿拉伯人議和，提議無條件和談。雙方訂立了三年和約，明確劃定兩國領土，繳納非常重的年貢。這和約使過往歷代皇帝的努力毀於一旦。後來在七九八年，阿拉伯又來進犯，伊琳娜又再次主動議和，不僅承諾向他們納貢，更承認阿拉伯人占領和移民小亞細亞。

伊琳娜對阿拉伯的乞和，為拜占庭帝國帶來極度惡劣且深遠的影響。就算到了拜占庭黃金時代的馬其頓王朝（Macedonian Dynasty）得以緩和，但惡劣的影響仍延續到拜占庭帝國滅亡。伊琳娜的拙劣外交政策，不僅使自己走向了滅亡，也為後代留下了可怕的後患。

德古拉伯爵真有其人：吸血鬼的歷史原型

✧真實的德古拉伯爵

「吸血鬼」文化何時何地都是很受歡迎的題材。雖然吸血鬼只是一種虛構出來的東西，但事實上這種不死生物是有歷史原型的。原來，吸血鬼的始祖是瓦拉幾亞大公弗拉德三世（Vlad III），他有另一個更耳熟能詳的名字——德古拉伯爵（Count Dracula）。

「德古拉」這名字來自弗拉德的父親弗拉德二世（Vlad II）的稱號，源於羅馬尼亞語中的「龍」（Dracul），所以他也會被稱作「龍公」。弗拉德出生於一四三一年寒冬，當時父親還沒繼承瓦拉幾亞王位。母親可能是摩達維亞公主娜吉娜（Cneajina），但也可能是弗拉德二世其他王妃。不管如何，就在這年，史上最令人不寒而慄的暴君誕生了。

弗拉德身處在一個動盪的時代。瓦拉幾亞位於現代羅馬尼亞境內，毗鄰是如日中天的穆斯林國家鄂圖曼帝國和基督教國家匈牙利王國。弗拉德從小被教導家族榮耀高於一切，要不惜代價保家衛國，消滅一切在他路上的反對者和礙事者。而他後來也用行動實踐了這種教誨，血染土耳其人占領的巴爾幹地區。

弗拉德五歲的時候，父親繼承瓦拉幾亞王位，即弗拉德二世，是匈牙利王國主導的龍騎士團（Order of the Dragon）其中一員，發誓保護基督教，視身為穆斯林的土耳其人為最大敵人。後來，弗拉德二世因為幫助匈牙利人打敗土耳其人，被鄂圖曼帝國的保加利亞總督設計廢除了他的王位。為了重登王位，弗拉德二世只好把兩個兒子弗拉德和拉杜（Radu）當作人質，送到鄂圖曼的宮廷裡，表示瓦拉幾亞對鄂圖曼帝國的忠誠。

夾在匈牙利王國和鄂圖曼帝國中間，瓦拉幾亞根本無法置身事外。龍騎士團很快便再要求弗拉德二世協助進攻土耳其人。消息傳到鄂圖曼宮廷後，弗拉德和拉杜的歸國之日更是遙遙無期了。然而，土耳其人並沒有折磨這兩兄弟。相反，他們過著舒適生活、接受優質的教育和專門軍事訓練。拉杜在作為人質的日子裡，漸漸被土耳其文化同化，更成為了鄂圖曼蘇丹的寵兒，後來改宗伊斯蘭教，成為了穆斯林。至於弗拉德則完全相反，他把土耳其人對他所做的一切視為屈辱，更因為弟弟的轉變而非常痛恨土耳其人。因為他的叛逆，使他經常受到嚴厲處罰。每多留在鄂圖曼帝國一天，他內心的憤怒和仇恨便愈大。

一四四七年，弗拉德父親被叛變的波雅爾貴族（Boyars）殺害，兄長米爾恰（Mircea）被活埋而死。自小便擁有捍衛家族榮耀決心的弗拉德，心裡起了血誓，當將來復仇機會來臨之時，他定會百倍奉還。

德古拉伯爵弗拉德三世。

（圖片來源：維基百科）

✧ 登上瓦拉幾亞王位

一四四八年，弗拉德被釋放回到瓦拉幾亞繼承王位，成為弗拉德三世，那時他才十七歲。然而，才登基兩個月，匈牙利攝政「白騎士」匈雅提·亞諾什（Hunyadi János）便帶兵入侵瓦拉幾亞。經驗尚淺的弗拉德三世當然不敵老謀深算的匈雅提，被迫逃到摩達維亞，投靠叔叔波格丹二世（Bogdan II）及其子斯特凡（Stephen）。

但似乎上天都希望幫助弗拉德三世。匈雅提擊敗弗拉德後，扶植一位名叫弗拉迪斯拉夫（Vladislav）的波雅爾貴族登上瓦拉幾亞王位。不過讓一生英明的匈雅提始料不及的是，這個他所扶植的人，竟然親近土耳其人。雖然匈雅提並不喜歡弗拉德，但在無計可施之下，只好與同樣痛恨土耳其人的弗拉德建立同盟，助他重返瓦拉幾亞王位。

一四五三年，土耳其人攻陷拜占庭帝國首都君士坦丁堡，歐洲最重要的基督教屏障至此宣告消失，土耳其人進攻歐洲的道路從此暢通無阻。對於弗拉德來說，這是非常壞的消息，因此必須盡快奪回瓦拉幾亞王位。三年後，匈雅提與弗拉德兵分兩路，前者帶兵入侵鄂圖曼帝國控制

匈雅提．亞諾什。

（圖片來源：維基百科）

下的塞爾維亞，後者則趁機帶兵入侵瓦拉幾亞。然而，這兩個人的命運截然不同。匈雅提在貝爾格萊德圍城戰中感染瘟疫病死，弗拉德卻成功殺死弗拉迪斯拉夫，重奪瓦拉幾亞王位。

◇恐怖的復仇和統治

復仇大計終於要開始了，他將用血寫下自己的歷史與傳奇。不過，弗拉德並非一個會被仇恨蒙蔽而不思考的人。首先，他派軍隊前往摩達維亞為表弟斯特凡作戰，確保摩達維亞成為瓦拉幾亞最緊密的盟友。瓦拉幾亞與摩達維亞掌握了巴爾幹地區的重要戰略位置，成了土耳其人西進的最大阻礙。

下一步，弗拉德要為父親和兄長報復。他沒有忘記那些曾經謀害他一家的波雅爾貴族。狡猾的弗拉德沒有顯露任何不滿情緒，藉此爭取他們的信任。不久後，弗拉德主動邀請他們慶祝復活節，並要他們帶著家眷一同前來。當這些貴族抵達後，弗拉德便叫隨從把他們全都抓了起來。年老的被插在尖棍上處死；年輕力壯的成了奴隸，被強迫在極惡劣的環境下修建城堡，竣工後再被殺掉。從此，弗拉德便擁有了「刺穿者」的稱號。

弗拉德的恐怖作風很快便傳遍全國，關於他殘暴統治的傳聞此起彼落。例如，他曾被指稱處罰懷有身孕的未婚女子，強迫她們生下孩子，烤熟後再強迫她們吃下去。不老實的商人會被插在尖棍上處死，更有甚者會被砍成兩截。此外也有人說弗拉德喜歡用尖棍刺死老鼠或雀鳥為樂。這些傳聞的真實性存疑，但弗拉德以酷刑統治國家倒是真的。這些傳聞是有實際作用，透過渲染恐怖氣氛，弗拉德可以讓那些對瓦拉幾亞心懷不軌的人聞風喪膽。

◇ 對抗土耳其人

某天，鄂圖曼帝國蘇丹穆罕默德二世（Mehmed II）要求弗拉德承認瓦拉幾亞是帝國一部分，弗拉德卻沒有做出任何回應。反之，他邀請鄂圖曼使節來到他的城堡談判，這是弗拉德常用的誘敵之計。鄂圖曼使節當場被抓，頭骨被鑿入釘子處決。事後，弗拉德跟穆罕默德二世說，這是為了展現他對土耳其傳統的尊重，因為土耳其人習慣包頭巾，釘子就用來幫忙固定頭巾，是一種禮貌的表現。

穆罕默德二世因為受到這樣的羞辱而震怒，向得力大將哈姆扎貝伊（Hazma Bey）詢問意見。哈姆扎建議：「得用盡一切方法征服瓦拉幾亞，就算要殺掉這個以下犯上的弗拉德也在所不惜。」但弗拉德根本沒有害怕過土耳其人的宣戰，他就是要向他們做出挑釁，此時他正額手稱慶土耳其人上鉤了。土耳其軍隊不久後就進入瓦拉幾亞，弗拉德沒有以逸待勞，反而主動出擊，在荒野中伏擊他們，成功全殲敵人並殺死了哈姆扎。隨後，他把敵軍屍體插在尖棍上，而為了對哈姆扎身分表示「尊敬」，他被插在最高的一根上。

弗拉德所到之處都血流成河，對土耳其人的痛恨使他失去任何底線，每次都親臨戰場然後親手處決敗軍。拜年少時在鄂圖曼宮廷裡的學習，他的土耳其語非常流利，很容易便能滲透保加利亞的眾多據點，毫不費吹灰之力便幹掉大量土耳其人。這些土耳其人當中不只是士兵，還包括平民，不分男女老幼。在保加利亞的土地上，哀號連綿不斷，空氣充滿著無數村莊被燒焦的味道。從此，土耳其人一聽到「刺穿者」之名便心生畏懼。

土耳其人的勢力在巴爾幹地區正一點一滴地失去，穆罕默德二世當然不會坐視不理。他知道弗拉德重視家族榮耀，所以決定派他那位早已成為穆斯林的弟弟——「美男子」拉杜，帶領鄂圖曼大軍越過多瑙河入侵瓦拉幾亞。雖然拉杜是弗拉德的親弟弟，但卻沒有絲毫憐憫之意。弗拉德利用自己熟悉瓦拉幾亞地形的優勢在夜間主動出擊，選擇在棧道和峽谷這些地方偷襲鄂圖曼軍隊，使敵人不斷損兵折將。

不過，瓦拉幾亞與鄂圖曼帝國在實力上的差距極度懸殊，弗拉德雖然多次偷襲成功，但始終無法完全擊潰敵人。因此，他向昔日盟友匈雅提的兒子，匈牙利國王馬加什．科爾溫（Mathias Corvinus）求援。但這位馬加什跟他父親一樣，不信任弗拉德這人，對他全無好感，就算他們擁有共同的敵人，馬加什還是不肯派兵馳援他。相反，當弗拉德親自前來跟他共商大計，卻被馬加什囚禁了四年。弗拉德也就因此再次失去了瓦拉幾亞王位。

✧ 沒落的暴君

一四七四年，得到外西凡尼亞大公斯特凡．巴托里五世（Stephen V Báthory）的幫助下，弗拉德再次成功奪回王位。不過，穆罕默德二世決定不讓他有東山再起的機會。這次，土耳其人沒有派兵入侵瓦拉幾亞，讓弗拉德以為土耳其人已經不敢再打瓦拉幾亞的主意，但其實土耳其人如此做的目的便是要讓他鬆懈。一四七六年末，趁著弗拉德離開城堡，土耳其人突然從他意料不及的地方衝了出來。這時弗拉德身邊只帶了數千人來抵抗強大的鄂圖曼軍隊，已經無力回天了。

如同他的身世一樣，弗拉德的死同樣是個謎團。有人說他戰至最後一刻壯烈犧牲，也有人說他跟父親的下場一樣，死於叛變的波雅爾貴族手中，也有人說他被土耳其人取下首級，以「彼之道還施彼身」的方式將他插在尖棍上。最終，弗拉德的遺體被葬在由他下令修建、位於久爾久地區（Giurgiu County）的科馬納修道院（Comana Monastery）裡，這座修道院同時也是當時一座防禦要塞。

弗拉德名聲好壞參半。因為他對待敵人和反對者的手法血腥殘忍，以致有傳說死在他手上的亡魂，到今天還徘徊在羅馬尼亞的森林中。吸血鬼「德古拉伯爵」是以他為原型被設計出來的虛構人物，伯爵的嗜血形象便是來自弗拉德的殘暴。話雖如此，弗拉德並非只是

位於羅馬尼亞的科馬納修道院。
（圖片來源：維基百科）

「吸血鬼」而已。在羅馬尼亞人心目中，他是保衛國家和基督教的民族英雄，面對強大的鄂圖曼帝國仍無絲毫退讓。弗拉德留下的傳奇除了自己的一生外，還啟發了一種文學題材，留下許多關於吸血鬼的傳說。雖然他已經逝世六百年，但直到今天仍以另一種方式讓人們心生畏懼。

馬鈴薯爭奪戰：巴伐利亞王位繼承之亂

✧ 巴伐利亞簡史

巴伐利亞（Bavaria）位於今天德國南部，與奧地利接壤，其中一個最著名的景點是新天鵝堡（Neuschwanstein Castle），每年有不少遊客慕名而來。另外，它也擁有一支人所共知的歐洲足球勁旅，名叫拜仁慕尼黑（Bayern Munich），而「拜仁」這個名字，便是巴伐利亞的德語名稱。

其實，巴伐利亞在歷史上曾是個獨立國家，早在六世紀時便已存在，名叫巴伐利亞公國。當時的巴伐利亞，部分領土屬於今天的奧地利，直至十二世紀末，王位開始由維特爾斯巴赫家族（House of Wittelsbachs）壟斷。

維特爾斯巴赫家族在德國歷史上非常有名。他們自一一八〇年起統治巴伐利亞，直至一九一八年第一次世界大戰結束。而且，這個家族也曾經出了兩個神聖羅馬帝國皇帝，分別是路易四世和查理七世。所謂神聖羅馬帝國，其實是由眾多位於日耳曼地區的邦國所組成的一個國家，其最高領袖稱為皇帝，並由各邦國諸侯選舉出來。後來，投票選出皇帝的資格被規範化，而維特爾斯巴赫家族統治的巴伐利亞公國，就在一六二三年成為巴伐利亞選侯國，其君主具有票選神聖羅馬帝國皇帝的特權，地位比其他沒有選舉權的諸侯要高。

巴伐利亞一直都是個崇尚保守主義的國家，統治者基本上都偏向支持舊傳統。例如，在十七世紀爆發的宗教改革，和其衍生出來的三十年戰爭，巴伐利亞一直支持傳統天主教陣營，就算後來在十八世紀啟蒙時代產生的新思潮，巴伐利亞仍然認為君主專制並無不妥。直到一八〇六年，拿破崙促使了神聖羅馬帝國瓦解，巴伐利亞與拿破崙達成協議，從選侯國升格為巴伐利亞王國。雖然說巴伐利亞一直都較為保守，但它還是在一八一八年成功進行了政治改革，是日耳曼地區眾多邦國中最早改革為君主立憲制的國家。

從十八世紀起，巴伐利亞便一直夾在日耳曼地區兩大強權——普魯士和奧地利中間。普魯士和奧地利的競爭在十九世紀中葉達到高峰，他們一直為爭取日耳曼地區的話語權而展開角力。為此，巴伐利亞採取相對獨立的政策，避免介入這兩大強權的紛爭當中。不過，當奧地利失勢、普魯士奪得日耳曼地區的話語權後，巴伐利亞便加入由普魯士在一八七一年主導成立的德意志帝國，其獨立地位便漸漸消失了。直到一九一八年第一次世界大戰結束，德意志帝國瓦解，為威瑪共和國（Weimar Republic）所取代，巴伐利亞結束了君主制，成為了共和國其中一個自由州。

✧巴伐利亞王位繼承戰爭

巴伐利亞王位繼承戰爭是十八世紀時，普魯士和奧地利爭奪對日耳曼地區影響力的其中一個例子。一七七八年，巴伐利亞選帝侯馬克西米利安三世．約瑟夫（Maximilian III Joseph）逝世，巴伐利亞系的維特爾斯巴赫家族血脈斷絕。作為這個家族的近親，普法爾茨（Palatinate）選帝侯查理．狄奧多爾（Charles Theodore）成為了巴伐利亞的正統繼承人。

不過，查理卻對繼承巴伐利亞王位沒太大興趣。剛剛在奧地利王位繼承戰爭中失去西里西亞（Silesia）的奧地利，希望能控制巴伐利亞來恢復對日耳曼地區的影響力。當時兼任神聖羅馬帝國皇帝及奧地利大公的約瑟夫二世，在得到太后同時也是共治者的瑪利亞．特蕾莎（Maria Theresa）同意後，與查理達成協議，把下巴伐利亞併入奧地利。隨後，奧地利軍隊便進駐了下巴伐利亞。

普魯士國王腓特烈二世強烈反對，因為若奧地利得到下巴伐利亞，那麼它在日耳曼地區的影響力便會大增。一七七八年七月，普魯士聯同盟友薩克森向奧地利宣戰，反對查理繼承巴伐利亞王位，奧地利盟友法國卻拒絕介入。普薩聯軍開入波希米亞，與約瑟夫二世親率的軍隊正面交鋒。

然而，這次「戰爭」只是雷聲大，雨點小。對戰雙方雖然都投入了頗大軍力，但卻沒有發生什麼大規模的戰事，反而是集中力量切斷對方的補給和糧食路線。於是，雙方只好在波希米亞就地採集糧食。這些糧食中包括馬鈴薯和梅子，因此後來普魯士稱這場戰爭為「馬鈴薯戰爭」（Potato War），奧地利則稱這場戰爭做「梅子衝突」（Plum Fuss），好戲稱這場虎頭蛇尾的戰爭。

不過，別以為這場沒有發生戰事的戰爭代表沒有任何傷亡，馬鈴薯戰爭的傷亡數字其實很慘重。普魯士與奧地利雙方分別損失了接近兩萬名士兵。為什麼呢？因為這些陣亡的士兵不是死於刀槍下，而是死於飢餓和疾病。

一七七九年五月十三日，晚年盡量避免戰爭的瑪利亞．特蕾莎，本來一開始就不太支持奧地利吞併下巴伐利亞。她不顧約瑟夫二世的意願，與腓特烈二世達成停戰協議。法國和俄羅斯作為雙方的中間人，奧地利同意放棄吞併下巴伐利亞，只保留一小部分曾占領的巴伐利亞領土——因河分割區（Inn Quarter）。因河分割區中的布勞瑙（Braunau），就是後來希特勒的出生地。至於巴伐利亞王位，則繼續由查理繼承。

✧ 內閣戰爭

巴伐利亞王位繼承戰爭被稱為最後一次「內閣戰爭」（Cabinet Wars）。所謂「內閣戰爭」，是指一六四八年三十年戰爭結束及西發利亞條約（Peace of Westphalia）生效後，至一七八九年法國大革命爆發前發生的一種特色戰爭。「內閣戰爭」特點是戰爭規模較小、軍官職位由貴族擔任、戰爭目的大多十分單一、軍事同盟和敵對關係常常改變。

這是由於西發利亞條約生效後，主權國家興起，別國要干涉其他國家內政從此變得困難，所發動的戰爭多來自國王或貴族的私人原因，而非國家層面的利益。因此，這段時間爆發的戰爭，多與王位繼承爭議有關。

直至法國大革命爆發後，國家與民族情緒上升，後來發生的戰爭演變為以革命或保家衛國為基礎的戰爭模式。也就是說，戰爭不再是君王之間的「私人恩怨」所引發，而是從此以國家層面作為考量。

英格蘭戰國七雄：盎格魯—撒克遜爭霸史

在華夏歷史裡，戰國時代是其中一個家喻戶曉的歷史時期。當時七大諸侯國互相征戰，合縱連橫，最後由秦國一統天下。恰巧的是，在地球另一端的不列顛，也曾有過類似時期，在英格蘭地區存在數個政權，互相征戰，時強時弱。這個時期從五世紀至八世紀，歷時約三百年，稱為「七國時代」（Heptarchy）。七國時代的英文名稱來自希臘文，本是指由七人組成的寡頭政權，在英語世界則是指七國時代。雖然被稱為「七國時代」，但實際上七國並存獨立的時間並不算長。在早期歷史裡，政權數目更遠遠超過七個，然而這些政權大多只是部落等級的國家。

七國時代的確實開始時期一般定在四一〇年。這年後，本來統治不列顛尼亞行省（Britannia）的西羅馬帝國已經油盡燈枯，中央政府再無力量統治這個邊陲行省。為了集中軍事力量和節省開支來對抗被蠻族蹂躪的帝國防線，羅馬人撤出了不列顛尼亞，留下一片處於無政府狀態的土地。後來，來自不同地方的日耳曼族群開始進入這個地方，分別是來自今天荷蘭和德國北部的盎格魯人（Angles）和撒克遜人（Saxons），以及來自今天丹麥日德蘭（Jutland）的朱特人（Jutes）。由於盎格魯和撒克遜是兩個在文化、語言和宗教都非常相似的部落，他們進入不列顛後很快便融和在一起，因此我們一般都會統稱他們為盎格魯—撒克遜人，而羅馬的「不列顛」也從此變成了「英格蘭」。

✧ 七個王國

這些來自海外的盎格魯—撒克遜人和朱特人初進入不列顛進行征服戰爭，受到了當地原住民凱爾特不列顛人（Celtic Britons）激烈反抗。相傳在五〇〇年，傳說中的亞瑟王（King Arthur）作為凱爾特人的國王，帶領人民奮起抵抗，留下了英雄傳奇。雖然亞瑟王在歷史上是否真正存在仍然未得到證實，但其原型卻很有可能是在六世紀中葉時，一位帶領不列顛人對抗盎格魯—撒克遜人的羅馬人安布羅斯·奧略留斯（Ambrosius Aurelianus）。

凱爾特人最後還是不敵這些日耳曼族群，只好後撤至有許多高地、環境較惡劣的威爾斯和蘇格蘭地區。因為這些天險關係，盎格魯—撒克遜人再沒有繼續推進，並決定留在氣候較宜居的英格蘭地區，而凱爾特人則在威爾斯和蘇格蘭地區建立了屬於他們的王國。從此，威爾斯和蘇格蘭與英格蘭之間的恩怨情仇就在這刻定下了。

最初占領英格蘭的盎格魯—撒克遜人和朱特人，並沒有建立統一的國家，無數互不統屬的小國遍布整個地區。經過一輪兼併後，七世紀時剩下七個較重要的國家，分別是肯特（Kent）、麥西亞（Mercia）、諾森布里亞（Northumbria）、東盎格利亞（East Anglia）、埃塞克斯（Essex）、薩塞克斯（Sussex）和威塞克斯（Wessex）。當然，這個時期其實還存在一些擁有一定自治權的細小領地。

✧不列顛的霸主——布雷特瓦爾達

麥西亞、諾森布里亞和東盎格利亞由盎格魯人建立，埃塞克斯、薩塞克斯和威塞克斯則是撒克遜人的政權，只有肯特是由朱特人建立的。這七國彼此間經常發生戰爭，如果其中有國王能夠在七國中稱霸，他便會被其他王國承認為「布雷特瓦爾達」（Bretwalda），即「不列顛統治者」的意思，頗有華夏歷史春秋五霸的味道。

歷史上第一位有文獻記載的「布雷特瓦爾達」，是薩塞克斯國王埃爾（Ælle），他在四九〇年得到這個稱號。接著他先後稱霸的是威塞克斯國王查烏林（Ceawlin）、肯特國王艾塞伯特（Ethelbert）和東盎格利亞國王雷德沃爾德（Rædwald）。到了七至八世紀時，則先後由諾森布里亞和麥西亞的國王贏得稱號。一直到八二八年，威塞克斯國王埃格伯特（Ecgberht）基本上結束了英格蘭割據的局面，被稱為「第一位統治全英格蘭的國王」，成為史上最強大的「布雷特瓦爾達」。

這七國其實都經歷過勢力上的大起大跌，而麥西亞算是最具野心的國家。例如，威塞克斯、東盎格利亞和肯特都曾在七至九世紀時期某段時間，成為了麥西亞的附庸。然而，麥西亞卻沒有因此成為最終贏家。隨著國力物換星移，它反過來先後在七世紀和九世紀成為了諾森布里亞和威塞克斯的附庸。七國時代其實也非純為英格蘭地區的內戰史，同時期這些王國曾遭受外來者的侵略。例如東盎格利亞和麥西亞在九世紀末時，便被來自斯堪的那維亞的維京人占領及控制。

◇ 阿佛烈大帝

在七國時代的歷史裡，出現過一位偉大的君主，他是九世紀時的威塞克斯國王阿佛烈（Alfred）。他在位時，威塞克斯實際上控制了其他六國。歷史不斷重演，當年盎格魯—撒克遜人和朱特人入侵不列顛後，趕走了凱爾特人，並定居此地建立了自己的王國。九世紀末，維京人由北歐渡海而來，從英格蘭北部和東部展開入侵，這次換作盎格魯—撒克遜人抵抗外來者入侵了。不過，阿佛烈沒有屈服於可怕的維京人，他帶領人民在八七八年的艾丁頓之戰（Battle of Edington）中擊潰了維京人軍隊，保衛屬於盎格魯—撒克遜人的土地，從維京人手中奪回倫敦這座重要城市。

得到決定性的勝利後，阿佛烈與維京人首領古思倫（Guthrum）簽訂和約，雙方明確劃定疆界，維京人在英格蘭的領地從此被稱為丹麥區（Danelaw）——因他們來自歐洲的丹麥地區。古思倫同意皈依基督教，並承認阿佛烈為英格蘭的霸主。阿佛烈擊退維京人後，沒有因此疏於防範，他建立了海上艦隊作為對抗擅長海戰的維京人，是英國史上第一支海軍。除此之外，他下令把書籍翻

阿佛烈大帝

（圖片來源：維基百科）

譯成古英語，使知識能廣泛在英格蘭傳播，並下令編纂《盎格魯—撒克遜人編年史》，成為我們現在理解當時歷史的重要史料。宗教方面，他在位時修建了很多基督教修道院。

阿佛烈作為歐洲中世紀前期的君主，其統治期所為卻異常前行，正因為他的功績，他是英國歷史上唯一得到「大帝」稱號的君主，被稱為「阿佛烈大帝」（Alfred the Great）。

✧ 七國時期的結束

狹義的七國時代結束於威塞克斯統一英格蘭，廣義來說是盎格魯—撒克遜人失去英格蘭的統治權。一〇六六年，擁有維京血統、統治法蘭西王國北部的諾曼第公爵征服者威廉（William the Conqueror），渡過英倫海峽侵略並成功征服英格蘭，結束了盎格魯—撒克遜人建立的王國時期，英格蘭從此進入全新時代，亦開啟英國與法國長達幾個世紀的恩怨。這次入侵不只是軍事上的征服，更為英格蘭文化帶來了翻天覆地的變化。古英語逐漸消亡，法語成為宮廷正式語言，並徹底影響了英語，建立了現代英語雛形。

冷兵器時代破壞神：無法澆熄的希臘火

✧神祕又破壞力強大的終極武器

在古代，當人類還未發明火藥並應用在戰爭時，便已經懂得在弓箭上塗抹易燃物，點燃後射向敵人加強破壞力。到了中世紀時期，雖然冷兵器還是戰場上的主要武器，但在東歐，便已出現一種在當時十分神祕而又擁有巨大破壞力的武器——希臘火（Greek Fire）。

所謂希臘火，其實並非來自古希臘，它是指中世紀時期拜占庭帝國一種所向披靡的神祕武器。拜占庭帝國依靠這種武器，曾經化解了極多外來軍事威脅，是帝國名符其實的守護神。

那麼，這種神祕武器為什麼會稱為希臘火？從名字上我們大概可以知道，這是一種會燃燒的液態武器。希臘火真正成分已經失傳，但根據一些文獻推測，希臘火的構成材料可能有硝酸鉀、松節油、石腦油、木炭、硫磺甚至是原油。拜占庭人把這些具有易燃特性的化學物質依特定比例混合出來的液體，便是希臘火。

希臘火是在拜占庭皇帝君士坦丁四世（Constantine IV）統治時期發明的，時間約為六六八年至六八五年。當時一位懂希臘語、名叫赫里奧波利斯的卡連尼庫斯（Callinicus of Heliopolis）的猶太人因為阿拉伯人發動侵略的關係，從敘利亞逃亡來到君士坦丁堡，並為拜占庭帝國發明了這種液態易燃武器。

✧ 阿拉伯人的入侵

七世紀後，中東阿拉伯帝國崛起，當他們征服了長年作為拜占庭帝國對手的波斯薩珊王朝後，便把目標轉移到拜占庭帝國首都君士坦丁堡。君士坦丁堡三面環海，餘下一面則有堅實穩固的狄奧多西城牆（Theodosian Walls）保護。在中世紀，要攻陷這樣一個城池，難度極高。由於阿拉伯帝國位於拜占庭帝國南方，所以，從北方經陸路進攻擁有堅實城牆的君士坦丁堡，對阿拉伯人來說不可行。

六七三年，阿拉伯人準備了一支龐大的海上艦隊，在博斯普魯斯海峽築起了圍堵之勢，想從海上征服君士坦丁堡。初時，兵力強大的阿拉伯艦隊占盡上風，眼看君士坦丁堡將成為囊中之物，阿拉伯人心生勝利期望之際，一種正在燃燒的液體突然從拜占庭帝國戰船的銅管射出，噴在阿拉伯戰船上。阿拉伯戰船是用木頭製造的，沾了液體的戰船起火後，火勢很快便蔓延到其他戰船。整支阿拉伯艦隊都在燃燒，熊熊大火出現在博斯普魯斯海峽的海水上。一瞬間，本來處於上風的阿拉伯海軍，就這樣幾乎全軍覆沒。

阿拉伯人對這神祕火焰心生畏懼。這種燃燒中的液體所以所向披靡，是由於它密度比水低，能浮在海平面上燃燒，也就是說，用水是無法澆熄正在燃燒的液體。而且，這種液體也有另一種十分可怕的特性，就是黏性極高。當附在物質上時，要除掉它極度困

重現希臘火重創阿拉伯艦隊的一幅繪畫。

（圖片來源：維基百科）

難。就是因為這兩種特性，阿拉伯人對希臘火束手無策。

七一七年，阿拉伯人捲土重來，第二次進攻君士坦丁堡，損失卻更慘烈。這時候的拜占庭帝國，在皇帝利奧三世（Leo III）的指揮下，已更能活用這種液態武器。後來在十世紀時，羅曼努斯一世（Romanus I）也成功利用希臘火摧毀企圖入侵的基輔羅斯軍隊。

◇ 希臘火的名字由來，背後存在的政治意識形態

因為這種液體的破壞力來自其易燃特性，所以名字有「火」字。至於為什麼它會以「希臘」冠名呢？其實，這是歷史與政治引致出來的結果。事實上，拜占庭人並不稱他們這種專屬武器為希臘火。他們對這武器的稱呼很簡單，只稱之為「海洋之火」或「液態之火」，源於他們依靠它戰勝了曾被認為無敵的阿拉伯人，在海上摧毀了他們的龐大艦隊。

阿拉伯人則稱呼其為「羅馬火」。原因很簡單，拜占庭帝國本來就是羅馬帝國衍生出來的政權，他們自覺是羅馬人。阿拉伯人同樣承認他們是羅馬人，所以面對由羅馬人發明的這種液態易燃武器，稱之為羅馬火是最正常不過的。

至於希臘火一名，則是由西歐騎士或十字軍給予的稱呼。西歐人並不承認拜占庭帝國為羅馬正統，他們的神聖羅馬帝國才是羅馬帝國的真正繼承者。加上當時拜占庭帝國已經極度希臘化，官方語言文字也改為希臘語，很多文化特質與古羅馬帝國大相徑庭，因此他們稱拜占庭人為「希臘人」，亦很順理成章地把「希臘人」發明的這種液態易燃武器稱為希臘火。

✧ 希臘火的歷史意義

希臘火的歷史意義不只是拜占庭帝國抵禦阿拉伯人的勝利關鍵。只要我們打開昔日地圖便可知道，拜占庭帝國位處歐亞緩衝區，把西歐基督教文明與中東伊斯蘭文明分隔開。在七世紀時，歐洲基督教文明仍很脆弱不堪，處於分裂狀態，文化水準低落。

反之，阿拉伯伊斯蘭文明卻首次實現了統一，而且不論經濟、文化和軍事方面也都迅速崛起。如果拜占庭帝國沒有發明希臘火，阿拉伯軍隊攻陷君士坦丁堡相信只是指日可待。擁有堅固城牆和天險的君士坦丁堡若不能成功守住，阿拉伯軍隊長驅直入征服歐洲便再無阻隔。基於兩者的文明差距，當時西歐封建國家根本沒有能力與之對抗。

除此之外，拜占庭帝國所以能夠存續達千年，除了因為君士坦丁堡的厚實城牆起了重要的防禦作用外，還依靠希臘火擊退和殲滅了不少外來入侵者。直到十五世紀，土耳其人利用火藥製造的大砲作為攻城武器，拜占庭帝國才真正結束了它的歷史。

解碼象形文：
拿破崙進軍埃及的意外收穫

考古學家和歷史學家在研究古文明時，了解古代文字是非常重要的一環。現在，考古學家已成功破譯古埃及象形文字，並藉此從古埃及建築和石碑上的碑文了解古埃及人的文化和歷史。但各位有想過，原來古埃及象形文字的破解過程，跟法國民族英雄拿破崙有關嗎？

一七九八年是古埃及考古學上重要的一年。這一年，拿破崙率領一支軍隊前往埃及港口城市亞歷山卓（Alexandria），準備攻打埃及。那時他還只是名法國將領，人生高峰和傳奇還沒到來，但那不是重點。當時的埃及由鄂圖曼帝國統治，與古埃及文明沒有半點關係，居住在埃及的是信奉伊斯蘭教的阿拉伯人，而且與英國有著密切的商貿關係。拿破崙此行的目的，便是企圖摧毀英國在當地的利益。

拿破崙這支法國軍隊有趣的地方，是同行還有科學家和歷史學家，他似乎除了軍事任務外，還希望在學術上有所發現。不過，拿破崙的這支軍隊很快便慘敗於駐守當地的英軍，他自己也從埃及慌忙逃回法國。不過，雖然軍隊遭到毀滅性打擊，但隨行的一名法國將士卻無意中發現了一塊非常稀有的石碑。由於這塊石碑在羅塞塔港口被發現，所以這塊石碑便被稱為「羅塞塔石碑」（Rosetta Stone）。

✧ 意外的寶藏——羅塞塔石碑

後來，這支群龍無首的法國軍隊投降，他們在埃及所奪得的戰利品全被英軍沒收，羅塞塔石碑當然也不例外。被允許留下來的，只剩下那些法國歷史學家自撰的筆記由他們自己保管。羅塞塔石碑後來被送往英國倫敦展示，引起考古界極大迴響。石碑上的文字被複製及傳送到不同的學術機構進行研究。

為什麼這塊石碑被學者認定具有非常重要的歷史價值呢？原因是它表面由上而下刻有三種文字，相信是來自西元前三世紀古埃及的托勒密王朝。這三種文字是什麼文字呢？它們分別是刻在上方的古埃及象形文字，刻在中間的古埃及通俗文字，和刻在下方的古希臘文字。幸運地，刻在石碑上的古希臘文，跟當時通用的希臘文分別不大，考古學家很容易就能破解。

考古學家推斷這塊石碑是托勒密王朝統治者頒布政令用的。石碑上的政令內容本身不太具有歷史價值，但它同時以三種文字呈現的政令內容，卻令兩千年後的考古學家興奮不已——他們可以透過比照石碑上的古希臘文，破解刻在石碑上的古埃及象形文字和古埃及通俗文字。

但奇怪了，為什麼來自古埃及的石碑會刻有希臘文字？那我們就要說說托勒密王朝。話說西元前四世紀時，來自古希臘馬其頓帝國的亞歷山大大帝征服了中亞後便英年早逝。他死後，帝國

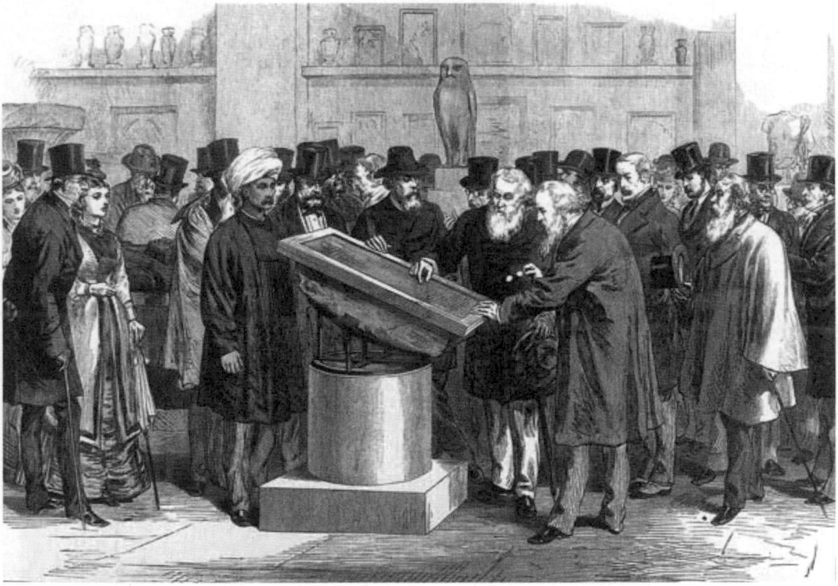

一群專家在倫敦的國際東方學會上端詳著羅塞塔石碑。

（圖片來源：維基百科）

隨即分裂並被他的將領瓜分，各自稱王。其中一名將領名叫托勒密，在當時是埃及總督，後來稱王，在管轄地埃及建立起托勒密王朝，就稱托勒密一世。

作為外來者，為了有效統治埃及，托勒密王室基本上在面對古埃及人民時採用古埃及風俗和儀式，只有在宮廷內才會使用希臘語。當時古埃及人不太抗拒希臘人的統治，他們也承認托勒密王室是正統的法老。由古希臘人統治古埃及，難怪頒布政令用的石頭會同時有古埃及文和古希臘文了。

✧ 第一位成功解讀古埃及象形文字的人

一八〇二年，瑞典學者約翰·大衛·阿克布拉德（Johan David Akerblad）率先破解了羅塞塔石碑其中二十九個古埃及象形文字。一八一四年，英國的湯瑪士·楊格（Thomas Young）成功依據古希臘文破譯了古埃及通俗文字。這位湯瑪士很厲害，他同時是個醫生、物理學家、生物學家和語言學家。一八二二年，商博良（Jean-François Champollion）成功解讀最艱深的古埃及象形文字。

這可不得了，古埃及象形文字在古埃及存在了四千年，在語言學上，它的書寫方法和意義不但傳承了古埃及人宗教意識和神權統治思想，在歷史考究上更是非常重要。古埃及象形文字歷史悠久，考古學家和歷史學家能藉此了解古埃及四千年歷史！今天古埃及歷史和文化研究如此詳盡，也得歸功這塊羅塞塔石碑的出現啊！

成功破解羅塞塔石碑的商博良。

（圖片來源：維基百科）

世界三大信仰源頭：瑣羅亞斯德教

✧ 神論宗教

瑣羅亞斯德教（Zoroastrianism，又稱祆教）是古代一個信仰一神論的古老宗教，約於兩千五百年前出現。它起源於古波斯（今伊朗和阿富汗）地區，並逐漸壯大，先後成為波斯阿契美尼德帝國（Archaemenian Empire）和波斯薩珊帝國（Sassanian Empire）的國教，是當時世界上最多人信仰的宗教。後來伊斯蘭教興起，波斯帝國被穆斯林征服，大量信徒被迫改信伊斯蘭教，不肯改信的則四散各地，隨後蒙古人和土耳其人入侵再一次打擊了瑣羅亞斯德教的發展。瑣羅亞斯德教漸漸地消亡，最後為伊斯蘭教吸收，至今估計只有不多於二十萬的人仍信仰這宗教。

✧ 瑣羅亞斯德

瑣羅亞斯德教是由一名古波斯人瑣羅亞斯德創立的，他是這個宗教認定的先知。瑣羅亞斯德出生於一個信仰原始多神宗教的家庭。原始多神宗教特點在青銅時代最為普遍，會以動物作為祭牲和以酒作為宗教儀式貢品。瑣羅亞斯德出生的時代，是個有著極重階級觀念的社會，地位最高的是祭司和統治階層，而往往這兩個階層的人都會透過詮釋宗教教義來壓迫和控制平民百姓，情況與古印度的婆羅門教相近。瑣羅亞斯德雖然是位處社會上層的祭司，但卻極不滿這種以宗教為中心的社會階級制度，同時也對使用動物祭牲的行為感到反感。因此他毅然脫離這個原始宗教，經過日夜思考，漸漸產生了與當時普遍迥異的宗教思想，後來創立了瑣羅亞斯德教。

✧ 主神、先知和聖靈

瑣羅亞斯德教是比基督教、猶太教和伊斯蘭教更古老的一神宗教。信徒只信仰最高主神「阿胡拉・馬茲達」（Ahura Mazda），火代表的是主神的神聖，因此瑣羅亞斯德教被伊斯蘭教徒貶稱為「拜火教」，因信徒禮拜對象是以火作為代表的最高主神。瑣羅亞斯德教徒認為瑣羅亞斯德是先知，卻不會崇拜先知，但透過認識瑣羅亞斯德的教誨，信徒能了解如何接近神和走正確的路。

聖靈擁有不死身，在瑣羅亞斯德教中稱為「阿密薩・斯彭塔」（Amesha Spentas）。他們不是神，而是神的使者，就像是太陽所放出的陽光般。聖靈代表著主神六種神聖，分別是Vohu Manah（代表善良）、Asha Vahista（代表真理和正義）、Spenta Ameraiti（代表虔誠）、Khashathra Vairya（代表力量）、Hauravatat（代表健康）和Ameretat（代表不死）。

✧ 二元論

瑣羅亞斯德教核心思想是其提倡的「二元論」，認為宇宙中所有東西都存在正反兩面。例如，有善便有惡，有創造也有毀滅。這種思想我們可以在其創造的世界觀窺探得到。

阿胡拉・馬茲達是瑣羅亞斯德教的創造神，祂有一對雙生兒子。名為「斯彭塔・曼紐」（Spenta Mainyu）的兒子來自於阿胡拉・馬茲達的創造力量，是六種神聖的總合。另一個兒子名為「安格拉．曼紐」（Angra Mainyu），是萬惡的源頭，擁有毀天滅地的力量，不斷破壞著世界。這兩個兒子進行永無止境的爭鬥，因此世界不斷存在善與惡，白天與黑夜交替代表他們爭鬥的結果。人類擁有自由意志，無可避免地捲入這場爭鬥中，並自行決定選擇善或惡。在瑣羅亞斯德教中，人人地位和選擇皆是平等的。

在瑣羅亞斯德教教義中，人類擁有自由意志，可依其自由意志去決定自己人生路。自由意志和二元論的結果，便是使人類擁有喜與悲、真理與虛偽、光明與黑暗。雖然如此，人類選擇哪一面對於瑣羅亞斯德教來說是很重要的，因為他們的選擇，就決定了他們究竟是站在斯彭塔還是安格拉的陣營，一方強大者，就塑造了這個世界的道德和價值觀。現代瑣羅亞斯德教義與原教義不同之處，在於現代教義認為人類始終人性本善，善最後都能戰勝惡，這與原本瑣羅亞斯德教的二元論是不相符的。

✧ 最後的審判

人類死後的靈魂會在「裁判之橋」上進行審判。在世行善者會進入天國，在世行惡者則會被打入地獄。而在地獄者，所有的惡都會在灼熱的地獄中消滅殆盡。這種思想反映雙生兒子的爭鬥，最後由斯彭塔・曼紐得到勝利，進行「最後的審判」把世上一切的惡都消滅。阿胡拉・馬茲達主神更指定了他第三個兒子作為降臨凡間的救世主。

◇禮拜

瑣羅亞斯德教徒不強調宗教儀式。反之，他們認為應集中精神在行善中，以彰顯最高主神的神聖。教義不硬性規定教徒做定期禮拜，他們可以根據自己意願進行祈禱。

很多人會錯誤認為瑣羅亞斯德教徒崇拜火，但其實這是不對的。對於瑣羅亞斯德教徒來說，火代表著他們信仰的最高主神，火在教義中代表純潔、光明和智慧，他們透過「聖火」的存在，來表示對主神的尊敬和虔誠。一般來說，信徒每天會祈禱幾次，穿著純白衣服來謹記「善」和淨化己身，並向著有火或光明的方向禮拜。在瑣羅亞斯德教每一個敬拜儀式中，都必須有不會熄滅的「聖火」存在，因為對他們來說，聖火代表著神聖的最高主神阿胡拉・馬茲達。

✧ 瑣羅亞斯德教對後世的影響

學術界普遍認為猶太教、基督教和伊斯蘭教教義，有很多受到瑣羅亞斯德教的影響。例如，一神論（神是完美的）、天國地獄論、救世論和審判論等，都與瑣羅亞斯德教教義非常相似。宗教先知的思想，則被伊斯蘭教吸收。瑣羅亞斯德教中的聖靈，與基督教中的天使也極為相似。此外，三大宗教中的「彌賽亞」救世主思想，也被認為源於瑣羅亞斯德教中第三兒子救世論。瑣羅亞斯德教雖然在現代中已成為小眾宗教並逐漸消亡，但其提倡的教義和宗教思想，卻被三大宗教吸收，以另一種方式在現世存在下去。

往生者國度：古希臘人的生死觀

在古希臘神話裡，許多英雄曾在世界各地展開冒險，但他們皆有個共通點，就是死後前往同一個地方——冥界（Underworld）。冥界由冥王哈帝斯統治，他是眾神之神宙斯和海神波賽頓的兄弟。在神話裡，冥界是個很重要的地方，曾經是許多神話故事出現的舞台。

✧古希臘神話裡的死亡世界觀

從前，世界由泰坦神族支配，克羅諾斯是眾神之王，他的妻子是麗亞。因為克羅諾斯的暴虐，最終被自己六個兒子推翻。之後，宙斯、波賽頓和哈帝斯討論分工支配克羅諾斯留下來的世界。經過商議，宙斯支配天空，波賽頓支配海洋，而哈帝斯則支配冥界。

傳說哈帝斯跟他兩位兄弟長得很相似，都是留著長鬚，成熟穩重和富有，但他卻性情古怪、冷漠和難以親近。哈帝斯是「看不見的神」，在羅馬神話中被稱為「普魯托」或「迪斯」，而這兩個名字又有著富饒之神的意思。為什麼冥王哈帝斯同時又是富饒之神呢？因為很多珍貴金屬和寶石都是在地底發掘出來，地底被認為是屬於冥界，因此就有了此說。

其實，哈帝斯並不掌管生死，他只是往生者的管理人。真正掌管生死的是被稱為「摩伊賴」的三位命運女神：克洛托、拉刻西絲和阿特羅波絲。克洛托負責織出生命線，拉刻西絲負責量度生命線長短，阿特羅波絲則負責剪斷生命線。

人們多種不同死亡，由不同死神控制。傳說死神塔納托斯只會帶來平和及平靜的死亡，而死亡女神克蕾絲則會帶來暴力和痛苦的死亡，尤其她同時也是戰爭女神。

哈帝斯的王后名叫波瑟芬妮，在羅馬神話中她被稱為普洛塞庇涅。她是農耕之神狄蜜特的女兒。波瑟芬妮很美麗，被哈帝斯看中後給綁架到冥界成為冥王新娘。波瑟芬妮成為冥后後，時常想逃離冥界回到現世。狄蜜特為了找回女兒，在現世土壤上不斷徘徊，使土地變得寸草不生。除非狄蜜特成功找回女兒，否則天下將再無植物。因此，宙斯命令哈帝斯把波瑟芬妮還給狄蜜特，但如果任何人曾嘗過冥界裡的食物，便無法再回到現世。波瑟芬妮已經吃過生長在冥界的石榴種子，所以她就無法回到現世了。

宙斯因此想了一個折衷方法，就是波瑟芬妮可以在一年裡的特定日子回到媽媽身邊。在這段日子裡，世界會變得溫暖和翠綠，古希臘人稱之為春天和夏天。而當波瑟芬妮回到冥界的那段日子裡，世界則會變得寒冷和昏暗，古希臘人稱為秋天和冬天。因為波瑟芬妮的到來和離去代表了季節變換，所以這位冥后同時也是春天之神。

在冥界還住著一隻有三個頭的狗，名叫地獄三頭犬刻耳柏洛斯，負責看守哈帝斯居住的大屋。牠不會阻止人進入大屋，但卻會攻擊任何想離開的人。

地獄三頭犬刻耳柏洛斯。

（圖片來源：維基百科）

✧冥界在哪裡？是個怎樣的地方？

說了這麼久，那冥界其實在哪？它在地底深處，古希臘人認為火山口便是其中一種入口，因為那裡冒出的毒氣會把一切生物殺死。此外，他們相信還存在其他入口，例如當初哈帝斯抓走波瑟芬妮的地方，位於西西里島恩納（Enna）的一處裂縫。洞穴也被認為是通往冥界的入口，其中最著名的便是位於斯巴達附近的泰納倫（Taenarum）洞穴和位於義大利庫邁（Cumae）、阿弗努斯湖（Lake Avernus）附近的一個洞穴。傳說有個女先知居住在這裡，能夠預知未來。在維吉爾的《埃涅阿斯記》裡，她曾透露未來給準備前往冥界的特洛伊英雄埃涅阿斯。

就算在古希臘，對冥界的看法也會隨著時代不同而有所差異。成書於西元前八世紀的荷馬史詩《奧德賽》裡，英雄奧德修斯前往冥界，發現了冥界是個淒涼和灰暗的地方。在那裡，他遇到了另一位英雄阿基里斯，阿基里斯驚訝地跟他說：「為什麼你敢來到哈帝斯的死亡國度？在這裡只有行屍走肉和孤魂在徘徊。如果是我，我寧願當一個農奴，或給那些沒土地的貧窮農民聘用，也不願意成為這個地方的王。」

幾個世紀後，古希臘人對往生的想法漸漸進化。西元前六世紀，他們對死後世界有了道德觀的加成，認為當人死後會來到審判之地，由宙斯三個半人半神的兒子艾亞哥斯、米諾斯和拉達曼迪斯做出審判，靈魂會以公義作為標準劃分。好人會被帶到極樂淨土（Elysian Fields）或祝福之島（Isles of the Blessed），而壞人則會被丟入稱為「塔耳塔羅斯」（Tartarus）的地獄中受盡折磨。這種以人的生平給予獎勵和懲罰的觀念，來自於古希臘人認為人的靈魂不滅。

艾亞哥斯、米諾斯和拉達曼迪斯原是人類。他們死後，因為其智慧和公正，被委派到冥界擔當審判官。對於他們三人，有兩種說法。一說是拉達曼迪斯最嚴厲，艾亞哥斯最溫柔和仁慈。如果他們兩人意見相左，米諾斯便會擔當最後裁判。另一說是拉達曼迪斯負責審判亞洲人，艾亞哥斯負責審判歐洲人，而米諾斯同樣擔當最後裁判。

塔耳塔羅斯是個無盡深淵，原本用來囚禁在戰爭中失敗的神祇。當克羅諾斯推翻了父親天空之神尤諾斯後，克羅諾斯就利用塔耳塔羅斯來囚禁他面目可憎的兩位兄弟：獨眼巨人和百手巨人。宙斯從塔耳塔羅斯裡救出了他們，並跟他們一起推翻克羅諾斯和其他泰坦神族。當宙斯推翻了克羅諾斯後，他也同樣把克羅諾斯和其他泰坦神族丟入塔耳塔羅斯中。後來，古希臘神話起了變化，塔耳塔羅斯轉變成懲罰作惡多端的人所存在的地獄。

塔耳塔羅斯的懲罰，往往跟罪人幹的壞事有關。例如，坦塔洛斯（Tantalus）因為殺了自己兒子並把兒子的肉獻給眾神，死後受到永恆的飢渴折磨。他在塔耳塔羅斯裡站在一個水池中，頭上掛著一束成熟的果子。當他想彎腰喝水時，池水就會隨之而散退，想吃東西時，卻永遠摘不到頭上的果子。英文中的「Tantalize」，就是來自這個典故，表示用某些事物引誘他人卻不讓他得到。另外一個故事是達那俄斯的五十個女兒，她們在婚禮中殺掉了自己丈夫，死後被處罰並丟到塔耳塔羅斯，要把一個破了洞的水瓶裝滿水才可以洗刷罪孽。當然，這是不可能的。

到了西元前四世紀，哲學家柏拉圖在著作《斐多篇》中，也曾提及了往生。他對於往生的理解與我們現代人的想法很接近。他寫道：「亡者會被精靈引領來到審判之地。他們會被審判，看他們生前是否有行善積德和對神虔誠。」這跟後來中世紀天主教教義很相似，就是上帝會看一個人生前是否有行善積德而決定他能否上天堂。柏拉圖還寫道：「如果一個人既非好人亦非壞人，就會被送到阿克隆河（位於冥界的一條河），登上一條船，然後來到一個湖，他們會住在這裡接受淨化。如果他們做了壞事，只要付出了代價後便會被寬恕。」阿克隆河的概念跟天主教中的「煉獄」（Purgatory）非常相似。

最後，究竟冥界的地理環境是怎樣的？古希臘眾多關於哈帝斯的王國的描述，冥界有這些地方：

1. 冥界的入口，存在於現世中。
2. 斯堤克斯河（Styx），五條冥河之一，也是最著名的。傳說需要向船夫卡戎（Charon）繳付過河費才能成功橫越。所以很多時候古希臘人在埋葬亡者前會在其嘴裡放一枚金幣，作

冥界的船夫卡戎帶領亡者渡過冥河。

（圖片來源：維基百科）

為過河費。如果亡者沒有繳付，那他必須在岸邊徘徊一百年。

3.麗息河（Lethe），五條冥河之一，也稱為「遺忘之河」（River of Obilivion）。河水可以使任何喝下的人忘記所有曾發生的事。

4.阿克隆河（Acheron），五條冥河之一，也稱為「愁苦之河」（River of Woe）。是非好非壞之人前往居住的地方的必經之河。

5.弗列革騰河（Phlegethon），五條冥河之一，也稱為「火焰之河」（The Flaming River），長年燃燒著火焰，是哈帝斯為分隔地獄「塔耳塔羅斯」而創造的河流。

6.克塞特斯河（Cocytus），五條冥河之一，也稱為「悲嘆之河」（River of Lamentation），圍著塔耳塔羅斯的河流。

7.塔耳塔羅斯（Tartarus），一個無盡深淵，那些生前作惡多端的人的靈魂會被丟進這裡受著永恆的折磨。

8.極樂淨土（Elysian Fields），一片淨土，那些生前善良的人的靈魂會被送到這裡。

✧ 卡塔巴斯

很多文學作品也受到往生或冥界的影響。在古希臘神話中，有很多故事都以往返冥界為主題，被稱為「卡塔巴斯」（Katabasis）。故事內容多是一位英雄前往冥界尋找一些只有在那裡才能得到的知識。在《奧德賽》中，奧德修斯聽了女巫喀耳刻的話前往冥界，目的就是尋找已逝的智者特伊西亞斯。

另外，也有一個故事是講述音樂家奧菲斯。他帶了一些禮物前往冥界送給哈帝斯和波瑟芬妮，希望他們允許自己已死去的妻子歐律狄刻能回到現世。哈帝斯答應了，但開出一個條件，就是當歐律狄刻跟隨奧菲斯返回現世途中，奧菲斯不能回頭望歐律狄刻一眼。可是，奧菲斯實在抵不住對妻子的思念，最後也忍不住回頭望了。他一望，歐律狄刻便在他眼前消失了。

大力士海克力斯曾因為要完成他的第十二件勞動工作而前往冥界。他的任務是要抓住地獄三頭犬刻耳柏洛斯。最初哈帝斯阻止海克力斯進入冥界，但由於海克力斯實在太強大，甚至弄傷了哈帝斯。海克力斯接著在冥界拯救了一位名叫忒修斯的人，他是傳說中建立雅典的人。忒修斯陪伴他的朋友皮瑞蘇斯一起來到冥界，想把冥后波瑟芬妮擄走作為自己的妻子。他們失敗後被囚禁在一塊石臉中，海克力斯最後只能夠救走忒修斯，皮瑞蘇斯就永遠被囚禁在冥界中。

其實，冥界不只是古希臘人對自己死後的歸處的聯想，而且還是許多文學作品喜愛的題材，同時體現獎勵善和懲罰惡的公義概念呢。

壯士搖籃：古希臘城邦斯巴達

✧ 斯巴達的起源

與你的盾牌一同回來，要麼帶著，要麼躺著。

——斯巴達母親（據傳是羅馬希臘作家蒲魯塔克所言）

在世人眼中，古希臘城邦斯巴達最令人聯想到的，是他們國家上下充滿著無畏無懼的戰士。在面對敵人前，斯巴達戰士不好憐憫、不會退讓，目標只有一個，就是要麼把敵人殲滅，要麼英勇犧牲。斯巴達被人塑造成一個純粹的軍事城邦，但這卻只是斯巴達眾多特質其中一點。

作為古希臘時期眾多城邦中較為強大的城邦，斯巴達的誕生卻相對的不怎麼傳奇，甚至有些平淡。西元前一五〇〇年，在還不叫作斯巴達的土地上，已經有人類生活。五百年後，來自希臘東南部拉科尼亞（Laconia）的數個部落如林拿尼（Limnae）、皮塔納（Pitana）、梅索阿（Mesoa）、西諾索瓦（Cynosoura）和亞美格尼（Amyclae）漸漸融合在一起，最終形成了最早期、稱為「拉克代蒙」（Lacedaemon）的城邦。後來來自北方的多里安人（Dorian）鳩占鵲巢，讓自己從外來者變成回鄉者，從此成為斯巴達本土住民。斯巴達位處之地土壤肥沃、糧食充足，為日後斯巴達人向外擴張提供了穩固基礎，而「斯巴達」這個名字，本身就是「我播種」（I sow）的意思。

如同其他古希臘城邦一樣，目前我們難以知道斯巴達信史的起點，尤其是希臘人喜愛把歷史和神話糾纏在一起。傳說中，來古格士（Lycurgus）是斯巴達人的立法者，他對斯巴達進行了政治和社會改革，奠定這個城邦後來以軍事為主的發展方針。然而，這麼重要的一個人物，是否真實存在卻仍是未知之數。話雖如此，恍如神祇的他還是在斯巴達中被認為是個十分具標誌性的人物。

那麼，斯巴達是如何崛起的？這要說到發生在西元前七四三年至七二四年，以及六八五年至六六八年的兩次麥西尼亞戰爭（Messenian Wars）。在這兩次戰爭中，斯巴達人入侵並征服毗鄰的麥西尼亞。原領土加上占領了麥西尼亞，斯巴達在戰後成為整個希臘領土最廣的城邦。至於那些被征服的麥西尼亞人，則全數變成了斯巴達人的奴隸。

✧ 黑勞士

這些數量龐大的麥西尼亞人和被稱為「黑勞士」（Helots）的奴隸，是斯巴達迅速崛起的背後動力。他們被迫為斯巴達人種植糧食，讓斯巴達人可以專心投入戰爭和統治，而無須擔心糧食問題。斯巴達透過嚴重剝削這些奴隸獲得的資源，一躍變成古希臘世界裡的強權。

黑勞士是十分淒慘的奴隸，他們被禁止離開自己農耕的土地。每年，斯巴達人會無緣無故向他們宣戰並屠殺他們，目的是要控制黑勞士人數，防止他們壯大而形成一支反抗力量。斯巴達人還會派出名為「克里普提」（Krypteia）的祕密警察，將一些黑勞士抓到軍隊中，讓他們為軍隊效力。

別以為這些被抓到軍中效力的黑勞士是被斯巴達人看重的一群，他們往往只被當作馬前卒，是作為死士利用。他們同時也是斯巴達人訓練的「資源」，年輕的斯巴達士兵在軍事訓練期間，會被要求晝伏夜出，在夜晚潛入黑勞士居住的地方，利用短刀隨意殺害黑勞士而不驚動其他人。

黑勞士作為被奴役的一群，卻占了整個斯巴達九成人口。因此，斯巴達人的高壓統治最終引來激烈反抗，而且一發不可收拾。本來，斯巴達人和黑勞士之間的恩怨，其他希臘城邦大多不理會，但麥西尼亞人一次發生在西元前四六四年的起義（第三次麥西尼亞戰爭），卻最終促成了另一希臘強權雅典與斯巴達的敵對。這種敵對狀態自此一直延續下去，最終演變成了影響極其深遠的古希臘世界大戰：伯羅奔尼撒戰爭（Peloponnesian War）。

✧ 斯巴達社會

麥西尼亞人和黑勞士在斯巴達中完全沒有任何權利，而斯巴達人之間卻異常平等。只要你是斯巴達公民（Spartiates，有時也會稱之為Homoioi，意即「平等」），就能享有土地擁有權。要成為斯巴達公民，就必須通過嚴苛的斯巴達教育——阿戈革（Agoge）。

不過，並非所有斯巴達人都有參加阿戈革的資格。法律規定，只有那些祖先能追溯到是原居民的斯巴達人，才擁有參與訓練的資格。順利熬過艱苦卓絕訓練的人會被稱為「同志」（Peers）。「同志」具有一種認可的社會地位，他們需要在軍中服役到六十歲，而在三十歲前每晚都要睡在軍營中，被培養成專業的戰士。在配給的糧食中，他們總會比其他人分多一點穀物。

斯巴達人民風慓悍，但斯巴達卻非一個極度父權的社會。有趣的是，在如此推崇戰士的國度，女性在斯巴達的地位卻比其他希臘城邦要高很多。斯巴達女性是容許擁有土地的，而且為數不少。其實這是一個自然結果，因為斯巴達男性長年在外征戰，戰死者不計其數，他們的遺孀便會繼承他們的土地。久而久之，在斯巴達擁有土地的女性也就愈來愈多。在最高峰時，斯巴達就有五分之二的土地由女性持有。比例之高，相信沒有其他文明可以相比擬了。

斯巴達並沒有任何文獻留傳後世，使我們難以理解當時的社會狀況。不過，從斯巴達禁止使用金幣作為流通貨幣，並只使用稱為奧波勒斯（Obols）的長鐵條這種極不方便的代替品可見，物質財富在斯巴達不被重視。斯巴達人重視的是精神價值，諸如強悍的戰士、奮勇作戰的士兵、優秀的農場管理者和服從性高的家庭。也就是說，斯巴達社會十分推崇能夠為戰爭做出貢獻甚至犧牲的人。

至於斯巴達擁有怎樣的政治制度？關於斯巴達政治制度的起源已不可考，但根據羅馬希臘作家蒲魯塔克記載，斯巴達憲法之本《大公約》（*The Great Rhetra*）是來古格士制定的。相傳他在希臘聖地德爾菲（Delphi）遇見太陽神阿波羅的使者，並按照神諭編寫了《大公約》，從此作為斯巴達的立國之本。當然，這種說法或多或少有著神話的意味，而與眾神拉上關係的做法在古希臘城邦也很普遍，往往是希臘人為了把自己國家提升到傳說的層次而編造。

✧ 雙王制

斯巴達的政治制度十分獨特，它同時揉合了世襲君主制和民主制，在其他希臘城邦甚至其他文明都找不到與之相似的制度。首先，斯巴達實行雙王制，由兩名國王同時統治。這兩位國王必須分別來自亞基亞德家族（Agiad Family）和歐里龐提德家族（Eurypontid Family），王位由兩家族的長子繼承，而且兩位國王不能同時來自同一家族，以達到權力制衡效果。國王在戰爭期間會擔任司令官親自出征（後來其中一位國王必須留在國內），在非戰時期則主要負責宗教和法律方面的工作，民事或刑事等政務就由稱為「督政官」（Ephors）的人負責。國王還會定期到訪聖地德爾菲會見先知，有些時候甚至必須做出一定程度的犧牲，就只為討好他們。

◇長老會議、國民會議和督政官

因此我們知道，斯巴達王權並非全無制約。雙王制之外，便是類似議會的機構，這個機構由老人組成，稱為「長老會議」（Gerousia）。長老會議總共有三十名成員，兩名國王各占一席，另外二十八名則從「斯巴達勇士」（Spartan Champion）中選出，任期終身。所謂「斯巴達勇士」，是在斯巴達認可的一種社會地位，指的就是那些年屆六十歲並從軍中退役的斯巴達軍人。

長老會議主要是為確保斯巴達憲法（Spartan Constitution）執行無誤而存在。它主要職責有幾項：向政府提供諮詢意見和立法協助、負責起草議案並交予國民會議通過或否決，以及作為斯巴達裡的最高司法機構，擁有權力向國王定罪。

在長老會議之下是稱為「阿佩拉」（Apella）的國民會議，只要是年滿三十歲的斯巴達人皆可以參加。國民會議定期在月圓之夜，在斯巴達境內舉行。在會議進行期間，斯巴達公民可以自由討論任何題目及達成共識，外交或戰爭相關的政策多被激烈討論。不過，這也是流於形式而已，因為長老會議擁有絕對權力推翻國民會議的所有決定。不過有趣的是，長老會議成員卻由國民會議選出，席次會給予得到最多掌聲的斯巴達勇士。

前文提到的「督政官」同樣是由國民會議選出來的，共有五位，平時與國王一同治理國家。當戰爭發生時，部分督政官會隨同國王一同出征，而留下來的督政官便成為斯巴達實際的最高統治者。為了防止督政官權力過於集中，督政官任期不得超過一年。相比國王，督政官其實擁有更大權力，當他們與國王意見相左時，往往是督政官這邊擁有決定性一票，而且他們還有召開長老會議的權力。斯巴達一些比較陰暗負面的政策多是督政官決定的，例如每年向黑勞士宣戰和設立克里普提祕密警察等等。

✧ 極有效率的國家機器

從以上可見，斯巴達的政治制度既傳統又進取。傳統的是他們保留了以血緣世襲的君主制，進取的是所有斯巴達公民只要在軍中服役過，就有可能在退役後進入統治體制，使公民聲音帶進既定的權力架構。在往後十數個世紀，斯巴達與其政治制度早已消亡，但其制度卻比中世紀的任何封建國家都要先進得多。斯巴達雖然年代久遠，卻已經發展出一套權力分散、互相制衡的政治制度。

國王、督政官和長老會議成員皆需要為自己的行為負責，同樣會面臨訴訟。然而，我們卻不應該過度美化斯巴達的制度，尤其它的運作是立基於嚴重剝削黑勞士的基礎上。話雖如此，無容置疑的是，斯巴達確實像一台運作極粗暴但卻極有效率的國家機器，這容許他們去蕪存菁，爭霸希臘，在整個希臘世界受到其他城邦的畏懼。

匈牙利人祖先：來自亞洲的馬扎爾人

✧ 匈牙利人的祖先

現代匈牙利是個歐洲國家，祖先卻來自亞洲。不過他們定居匈牙利以來的一千年裡，不斷與歐洲其他民族混血，現代匈牙利人已經不再認為自己是亞洲人，而認為自己是歐洲人的一支。然而，匈牙利人卻一直非常重視自己的文化傳統，他們一直以來都保持著自身獨特文化和語言。例如，當歐洲其他民族都是先名後姓，匈牙利人卻像東亞文化圈般，先姓後名。而且，匈牙利語並不屬於歐洲常見的羅曼語系、斯拉夫語系和日耳曼語系，而是來自烏拉語系。

事實上，「匈牙利人」是一個國族概念，構成匈牙利的主體民族其實稱為馬扎爾人（Magyarok），來自亞洲。匈牙利人祖先相傳可以追溯至西元前四〇〇〇年，他們來自喀爾巴阡山，後來遷居到美索不達米亞的底格里斯河和扎格羅斯山脈東邊，一塊稱為蘇帕圖（Subartu）的地方。他們與當地蘇美人（Sumerians）一起聚居，彼此互相通婚，構成了蘇美文明的一部分。在西元前二三五〇年，阿卡德人（Akkadians）取代了蘇美人統治美索不達米亞。

雖然這些匈牙利人祖先與蘇美人和阿卡德人聚居在一起，但彼此間不時發生衝突。他們具有游牧民族特質，善於騎射，視馬匹為同伴，戰士死後會與戰馬一同殉葬，往後的匈牙利人仍然保留了這種傳統。因此，其驍勇善戰的民族特性在蘇美人的戰爭中起了重要作用。

後來，胡里安人（Hurrians）在安那托利亞（即現代土耳其心臟區）崛起，逐漸稱霸近東，勢力由高加索地區延伸到美索不達米亞，消滅了當地的亞述人（Assyrians），建立了米坦尼王國（Mitanni）。匈牙利人祖先承襲胡里安人的武器製造技術，他們利用骨頭和木材製成了所向披靡的複合弓，這種複合弓配合他們的騎射技術，成為了後來匈牙利人西遷並在歐洲崛起的重要原因。

✧ 馬扎爾人的出現

米坦尼在西元前一三〇〇年後逐漸式微，匈牙利人的祖先出現在西元前九世紀，在黑海及裏海南部地區建立的烏拉爾圖王國（Urartu）裡，成為了社會上層，影響著王國政治發展，並開始強調民族的獨立性，「馬扎爾人」一詞開始出現。西元前六世紀，烏拉爾圖王國滅亡，雖然馬扎爾人並沒有隨之消亡，但卻在不久後受到波斯帝國入侵並被征服。此後，在波斯軍隊裡，有著馬扎爾人的蹤影。

西元前二世紀，匈人（Huns）開始聚居在高加索地區，與馬扎爾人混居，成為了在後來拜占庭帝國文獻中稱為的「烏戈爾人」（Ugrians），經過數個世紀後其勢力漸漸擴至近東地區。直至四五〇年，匈王阿提拉（Attila）崛起，帶領高加索人進入波斯帝國和羅馬帝國土地，其強大軍事實力威脅著這兩個帝國。不過，匈人建立的帝國有如曇花一現，暴起暴落，很快便煙消雲散，馬扎爾人也因此退回高加索地區，數個世紀其聚居地擴至頓河和伏爾加河一帶。

在這段時期，他們受保加爾—突厥人（Bulgar-Turks）影響，漸漸成為農耕民族。同時，其語言也受到影響，因此在匈牙利語中有很多源自突厥語的字根，而「匈牙利」（Hungary）一詞的語源便是突厥語中的「十支箭」（on ogur）。箭是重要武器，因此「十支箭」就是代表十個民族的意思。

✧ 西遷歐洲，建立匈牙利

六二〇年，烏戈爾人受到拜占庭帝國影響，正式皈依基督教。不久，哈扎爾人（Khazars）在高加索地區崛起，烏戈爾人的王國被征服，更引發了不少部族的大遷徙。百多年後，因為哈扎爾人沒落，馬扎爾人漸漸復甦，並開始出現在多瑙河北岸。他們經常襲擊拜占庭帝國船艦，又擊潰東法蘭克王國，更與對抗拜占庭帝國的保加利亞人一同作戰，成為歐洲人眼中的夢魘。

在九世紀末，馬扎爾人遷至黑海西北部的第聶伯河地區。因為受到西突厥人的一支——佩切涅格人（Pechenegs）威脅，馬扎爾人首領阿爾帕德（Árpád）只好率領八十多個游牧民族組成的七個部落南遷。八九五年，他們成功跨越喀爾巴阡山，經過威瑞

位於匈牙利的阿爾帕德大公銅像。
（圖片來源：維基百科）

茲克隘口（Verecke Pass）後，終於來到了他們夢寐以求的地方。

相傳他們決定結束數個世紀以來的遷徙生活，在這裡建立屬於自己的國家。這個地方在羅馬帝國時期稱為「潘諾尼亞」（Pannonia），是帝國以東的一個行省，首府設在今日的布達佩斯。他們相信其祖先早已在這片土地上居住，因此宣稱這片土地屬於馬扎爾人。當馬扎爾人在這裡定居一刻，就代表了匈牙利的歷史，正式開始。

戰鬥民族祖先：遍布東歐的斯拉夫人

✧ 誰是斯拉夫人？

現今許多東歐國家的主要族群都是斯拉夫人（如波蘭、烏克蘭及巴爾幹半島大部分國家）。斯拉夫人並非一個單一民族，是泛指會說斯拉夫語的一群人，而斯拉夫語是屬於印歐語系。關於斯拉夫人最早的文字記載，最早可以追溯至六世紀時拜占庭帝國文獻，而我們今天了解早於此時期的斯拉夫人，主要來自考古學和語言學研究。

縱觀羅馬帝國對於自己外敵「蠻族」的記載，斯拉夫人是最少的一個。因此，學者們對於斯拉夫人的了解迥異。有些學者認為他們是游牧民族，也有學者認為他們早已定居在森林或沼澤地區；有些學者認為他們由國王統治，也有學者認為他們有一定程度的民主。這些相互矛盾的記載，讓我們難以理解早期斯拉夫人的真實面貌，而且因為他們是羅馬帝國認定的其中一個蠻族，所以羅馬人對他們的描述難免會有所偏頗——蠻族都是原始、野蠻和暴力的。

有些學者認為原始的斯拉夫人部落早已在一世紀時定居於奧得河和維斯瓦河谷（位於今日波蘭和捷克），但從考古學發現，斯拉夫人部落早在西元前一五〇〇年，已經存在今天的波蘭西部和白俄羅斯一大片土地。這也證明了斯拉夫人並非單一族群，他們廣泛地居住在一片大地區，不同的斯拉夫族群有著相似的文化和語言。

根據對斯拉夫語言的研究，斯拉夫人部落早已到達今日俄羅斯的西部和南部，並與當時說伊朗語的族群接觸。所以，斯拉夫語與伊朗語有著令人驚訝的相同辭彙數量，顯然是因為文化上的互相感染才會出現的結果。後來，斯拉夫人向西遷徙，與日耳曼部落接觸，使斯拉夫語族又再增添了更多來自日耳曼語族的辭彙。有趣的是，一名波蘭思想家約瑟夫・羅斯達芬斯基（Józef Rostafiński）發現斯拉夫語對於櫸樹、松樹和杉樹的詞，皆來自於外來語言，成為了考究斯拉夫人從哪而來的重要線索。

✧ 斯拉夫人的文字

西里爾字母（Cyrillic script）是大部分斯拉夫語言所使用的書寫文字，為現今眾多斯拉夫國家所使用，其中包括俄羅斯、白俄羅斯、烏克蘭、蒙特內哥羅、保加利亞、馬其頓和塞爾維亞等等東歐國家。而一些非斯拉夫民族建立的國家，由於受到俄羅斯的影響，也使用西里爾字母作為他們語言的書寫文字，這些國家包括蒙古、塔吉克、烏茲別克、土庫曼和哈薩克等等。當然，也有部分斯拉夫人國家不使用西里爾字母，卻以拉丁字母為書寫文字，例如波士尼亞、波蘭、克羅埃西亞、捷克和斯洛伐克等等。

可是，因為俄羅斯在世界上的影響力，西里爾字母有時會被人誤以為源於俄羅斯。事實上，西里爾字母的發源地是保加利亞，而這種字母的發明者，是東羅馬帝國的希臘人。

九世紀時，一個位於東羅馬帝國附近的小國摩拉維亞（Moravia），選擇與東羅馬帝國結盟對抗由保加利亞人與法蘭克人組成的軍事聯盟。摩拉維亞大公拉斯迪拉斯夫（Rastislav）請求東羅馬帝國皇帝米海爾三世（Michael III），派遣傳教士幫助摩拉維亞建立獨立教會，並使用斯拉夫語言傳教。這種要求明顯帶有政治目的，是摩拉維亞鞏固與東羅馬帝國同盟關係的一種手段。

米海爾三世派了學識淵博的西里爾（Cyril）和美多德烏斯（Methodius）前往傳教。西里爾和美多德烏斯是對出生於官宦世家的兄弟，他們天資聰穎、記憶力強和口才了得，年輕時在君士坦丁堡求學，後來在聖索菲亞大教堂裡擔任哲學教師，漸漸廣為人知。八六三年，他們二人開始了數十年在摩拉維亞傳教的任務。

然而，雖然斯拉夫人擁有自己的語言，卻沒有相應的書寫系統，造成傳教和經籍編寫困難。於是十世紀時，西里爾和美多德烏斯的弟子（相傳是勞姆和克萊芒），應保加利亞王國國王鮑里斯一世（Boris I）邀請，正式為保加利亞人使用的保加利亞語（斯拉夫語一支），創造了以希臘字母為基礎的「西里爾字母」。雖然這種字母被稱為「西里爾字母」，但其實並非由西里爾本人創造，只是他的弟子為紀念恩師而為這套字母系統冠上老師名字。

保加利亞人首先使用西里爾字母，後來廣泛傳播到了其他斯拉夫人地區，並漸漸成為他們的文字。最早使用西里爾字母編寫的書籍，是聖經和一些教會文獻。

斯拉夫語言音調比希臘語多，因此早期西里爾字母數目也比希臘字母或拉丁字母要多（共有四十三個字母），這些字母多建基於希臘字母和希伯來文。後來，隨著不同的斯拉夫語區各自發展，使用西里爾字母作為書寫文字的國家和民族，也漸漸發展出屬於自己的西里爾字母變化版，使用的字母數目和類型也因此不盡相同而有些微出入。

所以，以後看到以西里爾字母書寫的語言文字，便不要搞錯以為那必然是俄羅斯文了，正如用拉丁字母書寫的語言文字，也不一定是英文。

PART

2

大家都愛聽的歷史趣談

當皇帝絕對是件苦差事，一千五百年前的拜占庭曾發生史上最嚴重的大瘟疫，中古三大騎士團號稱當代最殺的男子團體。

新奇有趣、驚悚恐怖的故事都在這裡！

當皇帝沒那麼簡單：那些追求頭銜的歐洲君主

在歐洲歷史上「皇帝」這個頭銜，跟華夏文明中君權高度集中的皇帝概念極為不同。皇帝所蘊含的意義，也隨著歐洲時代變遷而有所改變。雖然在歐洲歷史上幾乎所有國家都曾經是君主制國家，但可不要以為每位君主都可以自稱為皇帝。要能稱為皇帝，需要有法統和理據支持。至於是什麼法統和理據呢？讓我簡述一下歐洲歷史上曾經使用「皇帝」頭銜的歐洲國家，以及它所代表的意義。

✧羅馬帝國皇帝（凱撒、奧古斯都）

羅馬分為三個時期，分別是王政、共和與帝政時期。西元前二七年，羅馬進入帝政時期。首位統治者屋大維（Octavius）是第一位使用「皇帝」頭銜的人。所謂「皇帝」，是華文世界的一種意譯，其語源源於一個拉丁詞「Imperator」。Imperator

字面上解作「大元帥」，共和時期是用來讚美戰功彪炳的指揮官，帝政時期則是羅馬軍團最高統帥的意思。

羅馬進入帝政時期後實行「元首制」（Principate）。所謂「皇帝」，其實是指一連串公職及榮譽稱號集中於一人身上的公職綜合體。換句話說，皇帝的權力基礎來自羅馬法，並只限於法律認可的範圍。也就是說皇帝不能為所欲為。

羅馬帝國皇帝還有兩個專有稱號：「奧古斯都」（Augustus）和「凱撒」（Caesar）。前者是屋大維為了讓「皇帝」這一公職綜合體得到較尊貴的意義而特意創造的，使他擁有超越一般人甚至其他政治人物的身分地位。「奧古斯都」本意就是解作「尊貴的」，這一稱號後來為歷代羅馬帝國皇帝沿用。至於「凱撒」，則代表屋大維合法繼承前任獨裁官凱撒（Julius Caesar），他是凱撒養子和指定繼承人。

羅馬帝國第一位皇帝奧古斯都。

（圖片來源：維基百科）

凱撒在共和時代晚期結束了政治混亂，成為最高權力者，屋大維繼承了其名號從而取得統治羅馬的合法性，凱撒也因此成了皇帝的代名詞。

後來，「凱撒」這稱號逐漸成為歐洲國家「皇帝」的語源。例如神聖羅馬帝國、德意志帝國與奧地利帝國皇帝稱「Kaiser」，俄羅斯帝國皇帝稱「Tsar」，這兩個詞本身就來自「Caesar」的變異。即使羅馬帝國終結於四七六年，爾後在歐洲出現的皇帝其實法理上都是繼承自「羅馬帝國皇帝」這個頭銜。

亦即是說，如果你在歐洲要當皇帝，你也只能當羅馬帝國的皇帝，其他皇帝在法理上都是不合法的。

✧拜占庭帝國皇帝（巴西琉斯）

拜占庭帝國又稱東羅馬帝國，是羅馬帝國於三九五年分裂為東、西羅馬帝國後東部政權的延續。晚期的羅馬帝國，經過皇帝戴克里先（Diocletian）和君士坦丁一世（Constantine I）大幅改造和加強皇權後，「元首制」已經沒落，取而代之的是君權極度集中的「君主制」（Dominate），極具東方專制帝國色彩。從那時起，羅馬人由「元首制」裡的「公民」，變成「君主制」裡的「臣民」，皇帝由「國家公僕」

變成「國家主人」，君權由「法授」變成「神授」。這種專制統治，由拜占庭帝國皇帝繼承延續至一四五三年覆亡。

因為是晚期羅馬帝國的延續，拜占庭帝國皇帝因此擁有近乎絕對權力。君權凌駕教權，曾造成八至九世紀君權與教權劇烈鬥爭的「聖像破壞運動」（Iconoclasm）。然而要注意的是，皇帝還是受到勢力龐大的軍事貴族掣肘。早期拜占庭帝國皇帝延續羅馬帝國傳統，仍舊使用「奧古斯都」作為代表皇帝的稱號，不過七世紀後希拉克略皇帝統治時期，國家逐步希臘化，他決定棄用「奧古斯都」這個古老稱號，改稱希臘語裡代表著最高統治者的「巴西琉斯」（Basileus）。從那時起，「巴西琉斯」就是皇帝的意思了。

✧ 神聖羅馬帝國皇帝／羅馬人的皇帝

神聖羅馬帝國出現的端倪可以追溯至八世紀，位於今天法國地區的法蘭克王國國王查理大帝（Charles the Great，又可稱作查理曼）。

在他之前，歐洲（包括羅馬教廷）仍然尊崇拜占庭帝國皇帝為唯一合法使用皇帝頭銜的人。不過，查理大帝時的歐洲，拜占庭帝國因緣際會下出現了第一位女皇帝伊琳娜（Irene of Athens）。女皇帝的出現史無前例，既衝擊了既有傳統，也刺激到羅馬教宗利奧三世（Leo III）。他認為女性絕不會是合法的羅馬帝國皇帝。於是，他單方面宣布羅馬帝國的帝位懸空。查理大帝政治觸覺十分敏銳，他看準了這是個獲得歐洲廣大土地統治合法性的機會，遂率兵征服義大利的倫巴底王國，解除了倫巴底人對羅馬教廷的威脅。作為回報，利奧三世於八〇〇年聖誕節為查理大帝加冕為「羅馬人的皇帝」。就這樣，查理大帝從此有了「皇帝」稱號。

這件事有著深遠影響。歐洲封建主為得到統治合法性而渴望得到教宗的加冕，而加冕後的「羅馬人的皇帝」則肩負起保護教廷和基督教責任。此舉開啟

查理大帝的加冕典禮。

（圖片來源：維基百科）

了中世紀歐洲長達數個世紀皇權與教權的持續拉鋸戰。

從以上故事可以知道，「羅馬人的皇帝」僅是一個稱號而已。雖然查理大帝是「羅馬人的皇帝」，但他根本沒有統治羅馬帝國所有故土的權力（也更不用說統治拜占庭帝國），他的權力只侷限在他所統治的法蘭克王國。爾後繼承他的「羅馬人的皇帝」，都只是個虛名而已。後來，法蘭克王國分裂為西、中、東法蘭克王國，東法蘭克王國不久後因為王室絕嗣的關係，君主開始由境內諸侯們共同推舉出來。十一世紀時，東法蘭克王國國王奧托一世（Otto I）把查理大帝所幹過的事又重複了一次，成為了真正具有實力和聲望的「羅馬人的皇帝」。有學者認為，這意味著神聖羅馬帝國的建立。不過，神聖羅馬帝國這個名字，在當時還沒有出現。

東法蘭克王國後來演變成神聖羅馬帝國。不過值得注意的是，並非所有被選舉出來的國王都會自動成為神聖羅馬帝國皇帝，充其量他們只是「羅馬人的國王」，沒有教宗加冕，他們不能是「皇帝」。早期的國王要成為皇帝，必須有著強大實力進軍義大利，並得到教宗加冕才能得到皇帝稱號。綜觀整個神聖羅馬帝國歷史，其實有很多「羅馬人的國王」是沒有被加冕為「皇帝」的。但是，這不太影響這些人自身的統治權力，因為本來「羅馬人的皇帝」就只是個虛名而已。

或許大家已經留意到，前文提及的是「早期國王」要成為皇帝必須被教宗加冕，為什麼是「早期」呢？這是因為時間來到一五〇八年時，被選為「羅馬人的國王」的馬克西米利安一世（Maximilian I），認為穿越外國領土抵達義大利，再讓教宗加冕是件艱辛又危險的事，因此他沒有一如傳統前往。不過，他卻成功獲得羅馬教宗給予「神聖羅馬帝國皇帝當選人」（Elected Holy Roman Emperor）這個頭銜。從此，後來的「羅馬人的國王」援引馬克西米利安一世做法，自動成為「神聖羅馬帝國皇帝當選人」，再也不用教宗加冕了。而這個頭銜，在當時來說，也與皇帝無異了。

神聖羅馬帝國皇帝與拜占庭帝國皇帝不同，他們不是擁有絕對統治權力的君主，倒像是帝國境內各邦國的共主／盟主，皇帝並沒有直接干涉邦國內政的權力。神聖羅馬帝國早期君主憑著自身實力和威望，還有一定的直接干涉權力，但隨著時代變遷，神聖羅馬帝國漸漸變成一個鬆散的政治及軍事聯盟，皇帝也就再沒有什麼實權了。

◇俄羅斯帝國皇帝（沙皇）

一四五三年拜占庭帝國滅亡後，俄羅斯統治者伊凡三世（Ivan III）宣布俄羅斯是羅馬帝國的合法繼承者，首都莫斯科為「第三羅馬」（原本的羅馬是第一羅馬、君士坦丁堡是第二羅馬）。俄羅斯自稱為羅馬帝國合法繼承者的理據是：他們的沙皇迎娶了拜占庭皇室末代公主，而且拜占庭帝國東正教會已搬遷至莫斯科。

十六世紀是伊凡四世（Ivan IV）在位時期，他開始使用「沙皇」（Tsar）稱號，建立俄羅斯沙皇國（Tsardom of Russia）。在俄羅斯語中，「沙皇」語源來自拉丁文的「凱撒」，因此沙皇一詞就隱含「羅馬帝國皇帝」的意思。

後來到了彼得大帝（Peter the Great）在位時，他為國家進行了翻天覆地的改革，並爭取到了一扇

「全俄羅斯的皇帝和獨裁者」彼得大帝。

（圖片來源：維基百科）

通往歐洲的門戶，躋身成為歐洲承認的強國之一。他在一七二一年棄用「沙皇」稱號，改稱「皇帝」，並自稱為「全俄羅斯的皇帝和獨裁者」，俄羅斯沙皇國就此改稱為俄羅斯帝國。雖然如此，人們普遍還是稱俄羅斯帝國皇帝為「沙皇」。彼得大帝後所有俄羅斯帝國統治者沿用「皇帝」稱號，直至帝國被推翻為止。

俄羅斯帝國皇帝是擁有實權的專制君主。在俄羅斯帝國這種君權極度集中的國家，皇帝權力和地位都是絕對的。

✧ 法國人的皇帝

一七八九年法國大革命爆發，幾年後法國國王路易十六（Louis XVI）被處決。革命後建立的法蘭西第一共和國（French First Republic）沒有帶來穩定局勢，國家仍是風雨飄搖。拿破崙成為共和國第一執政後，巴黎議會於一八〇四年授予他「皇帝」稱號。同年，他在巴黎聖母院自我加冕為「法國人的皇帝」，稱拿破崙一世。

有趣的是，教宗庇護七世（Pius VII）當時正要為他加冕時，拿破崙卻從教宗手中強行取走皇冠然後自己戴在頭上。不要以為這是拿破崙無聊隨意的舉動，這舉動其實意義深遠，代表法國統治者權力從此不再「君權神授」。在當時，拿破崙是第一個由人民授權統治法國人的皇帝！這與當時法國政治風潮是很匹配的，法蘭西共和國要順利轉化成由他統領的法蘭西帝國，必須得到人民支持，因此君主的統治就要受到法律約束。

值得注意的是，拿破崙的稱號是「法國人的皇帝」，而非「法國皇帝」。這兩個看似相等的稱號，其實意思相當不同。「法國皇帝」代表的是國家由皇室所有，君主是土地的統治者，帶有專制君主感覺。為了彰顯法蘭西帝國是個人民授權的國家（雖然這只是拿破崙設計的一層外衣），皇帝是由人民擁戴出來，拿破崙決定使用「法國人的皇帝」這個頭銜。名義上，他只是法國人的公

拿破崙的登基大典。

（圖片來源：維基百科）

僕而已。

或許在拿破崙血液裡，復興羅馬帝國是他的理想，他才會興建凱旋門，創立《拿破崙法典》，然後選擇當一個與元首制時期的羅馬帝國皇帝差不多的皇帝！

✧ 奧地利帝國皇帝

歐洲三十年戰爭（一六一八至一六四八年）後，神聖羅馬帝國變得分崩離析，神聖羅馬帝國皇帝幾乎沒有任何實際權力，已經名存實亡。那時期的神聖羅馬帝國帝位，其實本來就牢牢掌握在統治奧地利大公國的哈布斯堡家族（House of Habsburg）手中。一八〇五年，拿破崙打敗奧地利，強迫最後一位神聖羅馬帝國皇帝法蘭茲二世（Francis II）於一八〇六年解散帝國，原帝國境內的邦國納入以法國主導的「萊茵邦聯」（Confederation of the Rhine）。至此，神聖羅馬帝國不復存在。

其實，早在帝國解散前兩年，法蘭茲二世便已有所準備。他宣布提升奧地利大公國為奧地利帝國，自稱為奧地利帝國皇帝法蘭茲一世（Francis I）。法蘭茲一世這麼做的目的，除了是對自我加冕為皇帝的拿破崙做出回應外，他同樣意識到神聖羅馬帝國滅亡的日子不遠了。而且，這是個很好的機會把哈布斯堡家族統治下的各領地整合成一個君權集中的大帝國。

奧地利帝國成立之前，哈布斯堡家族的領地，主要是由三個獨立國家組成的共主邦聯——奧地利大公國、匈牙利王國和波希米亞王國。奧地利帝國成立後，奧地利地位提升，變成整個國家的主導，其餘兩國獨立性下降，法蘭茲一世因此算是能更緊密地統治所有領地。

奧地利帝國皇帝是直接繼承自「神聖羅馬帝國皇帝」這一頭銜，一些原是神聖羅馬帝國皇帝擁有的權力也自動被奧地利帝國皇帝繼承，例如擁有選任教宗時的否決權。

拿破崙徹底失敗後，原是神聖羅馬帝國境內的大部分邦國組成「德意志邦聯」（German Confederation），奧地利帝國皇帝順理成章成為邦聯之首，在德意志地區的影響力也因此與日俱增，壓過同為德意志強國的普魯士王國。

奧地利帝國是個多民族國家。十九世紀時民族主義興起，帝國內高呼獨立的民族聲浪此起彼落。為避免帝國分裂，奧地利帝國皇帝法蘭茲・約瑟夫一世（Francis Joseph I）與匈牙利貴族達成協議成立奧匈帝國。奧匈帝國是個「二元帝國」，匈牙利地位得以上升至與奧地利平起平坐。法蘭茲・約瑟夫一世也就成了奧匈帝國皇帝。

◇德意志皇帝

位於北德的普魯士王國於十八世紀迅速崛起，在歐洲強鄰底下經過歷代國王的努力成為了歐洲強權之一。十九世紀民族主義興起，高呼德意志民族統一國家的聲浪日增。

當時瀰漫著建立統一的德意志帝國思潮，並為此出現了兩大方案：「大德意志」和「小德意志」。「大德意志」方案是指連同奧地利在內建立一個普奧合併的德意志帝國；「小德意志」方案則是排除多民族的奧地利，改以普魯士王國為中心建立德意志帝國。所以，「小德意志」有時也稱為「大普魯士方案」。

被稱為普魯士王國「鐵血宰相」的俾斯麥（Otto von Bismarck）以卓越的政治手腕，在普奧戰爭勝利後強迫解散以奧地利為首的德意志邦聯，順利排除掉奧地利在德意志地區的影響力。隨後在普法戰爭勝利後，他又主導與北德意志地區的其他邦國成立了以普魯士王國為中心的「德意志帝國」。在這個帝國內，普魯士王國占了帝國領土三分之二，普魯士國王威廉一世（William I）被加冕為「德意志皇帝」。

值得注意的是，威廉一世並非「德意志帝國皇帝」或「德意志人的皇帝」，而是「德意志皇帝」。這究竟有什麼分別呢？這要說說「德意志帝國」是個怎樣的國家。

德意志帝國前身是北德邦聯（North German Confederation），是俾斯麥在普奧戰爭後主導成立，志在排除奧地利影響力的過渡組織。沒錯，這代表後來的德意志帝國也是個類似邦聯制的國家。雖然俾斯麥最終目的是想建立一個中央集權的國家，但過分躁進的話必定會引來歐洲列強和北德邦聯裡其他邦國的強烈反彈，因為這意味著其他德意志邦國會喪失既有權力和地位，而普魯士王國則會迅速膨脹。所以，「德意志帝國皇帝」這個頭銜是絕不會得到各方贊成的。

至於「德意志人的皇帝」這稱號，與舊時神聖羅馬帝國那個「羅馬人的皇帝」頭銜太相似了，簡直就像間接承認了「德意志人的皇帝」是個沒有實權的榮譽虛銜，這就輪到威廉一世不同意了，也不是俾斯麥所希望的。為解決矛盾，在兩者中間落墨，俾斯麥想到了一個巧妙的折衷方案，那就是把邦聯參議院中由普魯士國王兼任的主席一職，改稱為「德意志皇帝」。但這同時意味著，「德意志皇帝」意思只是個「德意志的邦聯主席」，在邦聯議會裡地位不會比其他諸侯高。而且，這個稱號也另指「當皇帝的德意志人」，而非「德意志人的皇帝」。「德意志皇帝」統治國家的權力由帝國憲法賦予，並非由繼承此稱號自動獲得。

難怪，威廉一世被加冕為德意志皇帝時，認為這只是個「溝渠中的皇冠」。他的理想，是建立一個包含整個德意志的普魯士，而非一個開頭以普魯士為首，隨著日子把普魯士消化掉的邦聯國家。無怪乎他曾在加冕前一天說過：「明天根本不值得高興，因為我們在這天把普魯士王國的王位葬送。」

德意志皇帝威廉一世。

（圖片來源：維基百科）

帝國的輓歌：君士坦丁堡淪陷前夕

✧ 米那斯提力斯圍城戰

在電影《魔戒三部曲：王者再臨》一幕裡，邪惡半獸人軍團圍攻西方人類王國剛鐸首都米那斯提力斯，這就是電影中的「帕蘭諾平原戰役」。米那斯提力斯是個龐大的白色城市，有著堅實的城牆抵禦外來者入侵。在電影中，代表米那斯提力斯的人類軍隊遠少於半獸人軍隊數目，只能死守在城裡，而因為米那斯提力斯在城牆保護下，半獸人軍隊未能迅速攻占米那斯提力斯。最後，來自洛汗王國的騎士援兵及時來到，為米那斯提力斯爭取了時間，主角率領的鬼魂援軍隨後趕至，最後成功消滅半獸人軍隊，為米那斯提力斯解圍。

這場電影中的戰爭讓我想起了真實發生在一四五三年的歷史。這段歷史是歐洲歷史發展的分水嶺，標誌歐洲中世紀結束，正式進入近代。它就是促使歷史悠久的拜占庭帝國滅亡的最後戰役——「君士坦丁堡的陷落」，土耳其人圍攻拜占庭帝國最後堡壘——君士坦丁堡。

不知道《魔戒》電影的導演在執導米那斯提力斯圍城戰時，是否有參考這段悲壯歷史，但兩者相似度實在十分高。例如，君士坦丁堡同樣有著當時全世界首屈一指的狄奧多西城牆（Theodosian Walls），在拜占庭帝國過去一千年歷史，這道城牆抵擋了無數入侵，是君士坦丁堡的守護神。而且，對那時的西方基督徒來說，來自東方的異教徒土耳其人就像是邪惡半獸人一樣，企圖攻陷代表東方基督教世界的君士坦丁堡。洛汗騎士援軍則像當時君士坦丁堡向西方求援的西歐騎士援軍。

拜占庭帝國的最後一戰——君士坦丁堡之戰。

（圖片來源：維基百科）

✧危急存亡之秋的拜占庭帝國

然而，米那斯提力斯與君士坦丁堡的結局卻截然不同。米那斯提力斯得到洛汗騎士支援，成功抵禦了半獸人的圍攻；君士坦丁堡卻孤立無援，奮力抵抗後最終被土耳其人攻陷，拜占庭帝國也就在那時正式滅亡。「君士坦丁堡的陷落」是一場悲壯而又讓人心酸的歷史，它正式代表了羅馬世界的終結。

史學家一般認為，羅馬帝國在四七六年早已滅亡。不過，對於羅馬人來說，他們國家真正滅亡的時間卻在一四五三年。這是怎麼回事？四七六年滅亡的羅馬帝國，其實只是當時整個羅馬世界的西半部，代表古典時期的結束。東半部卻成功延續下來，並逐漸發展成後來被稱為拜占庭帝國的全新國度。

時間跳轉至一四五三年。鄂圖曼土耳其人在君士坦丁堡四周設置了許多軍營，形成了包圍之勢。他們的統治者蘇丹穆罕默德二世（Mehmed II）正在遠方視察君士坦丁堡的城牆。城牆歷史悠久，是保護城市的最高防線。

穆罕默德二世此時只是個二十一歲的年輕人，但他的目標卻十分宏大，要完成祖先無法成功的事——攻陷這座世界都市。他帶著超過六萬名士兵，不可能選擇極度消耗資源的圍城戰來讓君士坦丁堡糧盡彈絕，因為補給成本實在太高了。因此，他一直在想，有沒有什麼其他方法可以攻破這座千年古都？

另一方面，拜占庭帝國皇帝君士坦丁十一世（Constantine XI）對局勢的理解同樣十分明確。他知道戰事無可避免，而且要面對的是比他兵力高出十倍的土耳其軍隊，皇帝手邊只有六千名士兵可以調動。

自恃實力比對方懸殊，穆罕默德二世向君士坦丁十一世下了最後通牒。他說，如果君士坦丁十一世選擇投降，還能保著性命，可以統治一個名叫米斯特拉斯（Mystras）的小城。但背負著羅馬帝國祖先榮耀的君士坦丁十一世想也不想就拒絕了，他對穆罕默德二世說：「朕如同這城市的每一個人一樣，並沒有被賦予權力向任何人投降，包括你在內。我們寧願以自由之身戰死，也不願為苟且偷生而出賣榮耀。」

蘇丹穆罕默德二世。

（圖片來源：維基百科）

一四五三年四月六日，穆罕默德二世發動了第一次攻擊。他們嘗試攻擊君士坦丁堡的城牆，但如同傳說一樣，在勇敢的拜占庭守軍奮戰下，土耳其人傷亡慘重，君士坦丁堡仍然固若金湯。

在這次進攻之前，土耳其人已經占領了博斯普魯斯海峽的要塞，斷絕了君士坦丁堡的補給，但穆罕默德二世知道，要成功征服君士坦丁堡，並不是一件易事。為此，他需要一種更強大的力量、一種全新的力量，足以震動整個君士坦丁堡。

◇ 固若金湯的傳說

君士坦丁十一世明白君士坦丁堡的重要性。這座都市是通往歐洲的要道，土耳其人要進軍歐洲，必須先奪取這裡。而在這座都市超過一千年歷史裡，曾被圍攻了二十三次，卻只失陷了一次。那次唯一的失敗發生在一二〇三年的第四次十字軍東征，令人感到諷刺的是，那次君士坦丁堡是淪陷在同樣信奉上帝的西歐騎士手中，而非進攻了無數次君士坦丁堡的穆斯林。

君士坦丁堡是拜占庭帝國的心臟，是世界貿易的中心，更曾是世上最大和最富裕的城市。隨著拜占庭帝國的衰落，來自東方的鄂圖曼土耳其人逐漸侵蝕了帝國大部分領土。帝國只剩下孤立無援、被隔絕於歐洲和亞洲外的君士坦丁堡及其周遭一小片土地。

這座城市曾經是強大的羅馬帝國首都，也是很多征服者夢寐以求想征服的地方。在六七四年、六七八年、七一七年和七一八年，信奉伊斯蘭教的阿拉伯人曾經圍攻君士坦丁堡，但都無功而返。歐洲的基督教世界在當時感到恐懼，君士坦丁堡如果淪陷了，將被打開一個缺口，讓強大的穆斯林暢通無阻地向歐洲挺進。雖然阿拉伯人最後鎩羽而歸，但卻從此留下了穆斯林世界的一個宏大願景——攻陷這座被譽為不可能被攻陷的神聖城市。而時間來到十五世紀，這次由同樣是穆斯林的土耳其人來嘗試了。

但現在的拜占座帝國已經不再是昔日那個強大的羅馬帝國。這個帝國曾經把地中海變成內海，如今卻只剩下圍繞著君士坦丁堡外的一小片領土。在兩個世紀前的第四次十字軍東征中，君士坦丁堡被洗劫一空，拜占庭皇室流亡到了尼西亞。儘管後來拜占庭帝國成功復國，但卻已經元氣大傷，無法回復到昔日的強盛與富裕。雖然已非昨日璀璨的明珠，君士坦丁堡的地理位置和歷史傳承，仍讓土耳其人對其趨之若鶩。

◇大戰前夕

穆罕默德二世父親穆拉德二世（Murat II）在位時，曾與西歐達成十年休戰協議。因此，穆罕默德二世這個時候可以高枕無憂地專注圍攻君士坦丁堡。他渴望能成為羅馬帝國繼承者，並擴大土耳其人對世界的影響力，他想要建立統一世界的信仰、帝國和政權。

一四五三年對於他來說，是絕佳時機。這時的君士坦丁十一世，與他的祖先皇帝們已不可同日而語，並沒有強大的權力和力量。而曾經擁有稠密人口的君士坦丁堡，如今只是一座十萬人的城市，而且瀕臨財政崩潰邊緣。為了避免土耳其人入侵，君士坦丁堡每年支付巨額貢金給鄂圖曼帝國，然而此舉只會進一步削弱拜占庭帝國實力，卻無法避免滅亡的命運。現在，敵人已經兵臨城下。四十九歲的皇帝知道能夠戰勝土耳其人的機會微乎其微，但他已經準備戰至最後一兵一卒。

君士坦丁十一世試著力挽狂瀾。他曾經向羅馬教廷請求援軍，說明君士坦丁堡的陷落會對歐洲造成極大災難，他需要西方幫助戰勝土耳其人。就在前一年，即一四五二年，君士坦丁十一世向羅馬教廷妥協，同意讓已經分裂了數百年的東正教會和羅馬天主教會合併，以換取一支海上艦隊馳援君士坦丁堡。然而，這項承諾並沒有被兌現，在危急存亡之秋，這支海上艦隊從來沒有出現過。

雖然如此，君士坦丁十一世仍然積極布防。這座羅馬帝國最後的堡壘當時的情況究竟是怎樣呢？君士坦丁堡坐落在金角灣（Golden Horn），是一座海港城市，其北邊、東邊和南邊臨海，只有西邊與陸地相連。城市西邊十九公里外是堅固而古老的狄奧多西城牆。為了防止土耳其人利用海軍進入金角灣，從海上攻擊君士坦丁堡，君士坦丁十一世下令在金角灣入口的海水裡建造了一條橫跨兩岸的鐵索，來阻止土耳其船艦駛入。有了這些布防，君士坦丁十一世把防守重點放在直徑達六點五公里的城牆這邊，他認為土耳其人只能從西邊進攻。可是，他並不知道，土耳其人已經準備了一種全新武器去攻擊這道享譽千年的堅實城牆。

✧ 烏爾班大砲

穆罕默德二世是個喜愛探索新事物的人，在戰場上也不例外。湊巧，有人向他建議製造一座史無前例的大砲，用來摧毀眼前的這道高牆。話說，火藥這東西最早出現是在十一世紀，其配方紀錄在宋朝典籍《武經總要》中，早已是戰場上的一種利器，其破壞力之強在當時無人不曉。

但土耳其人這座大砲卻有點不同，它是由來自匈牙利王國的工程師烏爾班（Orban）設計。本來烏爾班受君士坦丁十一世邀請來到君士坦丁堡，為他設計和建造新型武器，作為防衛之用。可是，因為拜占庭帝國已瀕臨破產，烏爾班被拖欠酬金，於是他決定投奔穆罕默德二世，建議這位年輕蘇丹聘用他建造一座大砲。

穆罕默德二世向烏爾班提供了豐厚酬金和製造大砲所需的材料，三個月後烏爾班便成功製造了當時世界上最大型的火砲。這座怪物一樣的火砲長八點二公尺，火力足以將一枚重二百七十二公斤的石製砲彈射到一點六公里外。當這座大砲的砲彈轟向君士坦丁堡的城牆時，大家都驚呆了。撞擊產生的衝擊波傳遍了整座城市，君士坦丁堡守軍還來不及反應，被擊中的城牆部分便已開始崩塌，露出了一個大缺口。

所幸，這座新型大砲需要三小時重新裝填砲彈，所以君士坦丁堡守軍仍可以利用這段空檔時間緊急修復城牆。守軍早已物資短缺，他們用一切可用的材料修復城牆，然後利用混有泥土的動物毛皮覆蓋在城牆表面。這些物質有助吸收衝擊力，減少砲彈為城牆帶來的破壞。

然而，土耳其人接二連三的砲彈攻擊，產生的巨響讓君士坦丁堡人民感到異常恐懼。此時，君士坦丁十一世得到了來自熱那亞共和國的喬瓦尼・朱斯蒂尼亞尼（Giovanni Giustiniani）從希俄斯島帶來的七百名援兵，幫助君士坦丁堡守軍修復城牆。土耳其人嘗試把城牆外圍的護城河填平，但在晚上君士坦丁十一世就派人重新挖出河溝。因為這樣，直至四月十八日，土耳其人仍然無法攻陷君士坦丁堡。

✧ 四面楚歌

雖然土耳其人久攻不下，但君士坦丁堡的情況卻不怎樣樂觀。在戰事開始前，土耳其人在金角灣對岸建造了一座巨大的城堡，這座城堡被土耳其人稱為「割喉者」（Bogaz Kesen，即 Throat Cutter）。其所建之處位處黑海要衝，用以切斷君士坦丁堡的海外補給路線。城堡設有多座大砲，可以輕易擊沉任何前來的補給船隻。所以，戰事一開始，君士坦丁堡便已經失去了所有補給方法。

但如前面提到的，君士坦丁堡在戰前也做了一些準備，他們在金角灣入口設置了橫跨兩岸的鐵索，這是為了阻止土耳其人的船艦進入金角灣，從海上攻擊君士坦丁堡。拜占庭帝國的海戰能力比土耳其人強，但他們還是選擇放棄在海上與土耳其人短兵相接，好集中兵源在城中。如此一來，君士坦丁堡守軍便能專注應付防衛城牆。

為了突破僵局，穆罕默德二世當時想了一個非常土法煉鋼的方法。他派出大量士兵在海灣入口處，用人力把船艦拖上岸，然後在陸地上一路拖行直到繞過鐵索，再把船艦推回海中。如此一來，船艦就可以不受鐵索阻攔，可以長驅直入金角灣砲轟君士坦丁堡。

拜占庭人見狀整個都慌了。如今土耳其人的攻擊來自四面八方，部分拜占庭守軍開始逃亡。面對君士坦丁堡守軍的動搖，穆罕默德二世看準機會，派人挖地道進入君士坦丁堡。五月十六日，君士坦丁堡一些基督教騎士發現了異樣，懷疑地下有不明活動，於是前往調查。他們發現土耳其人正在挖地道，及時驅趕了這些人。為了防止土耳其人捲土重來，一位蘇格蘭傭兵約翰尼斯·格蘭特（Johannes Grant）提議把裝滿水的水桶放在城牆內圍周邊。如果水面出現漣漪，那就代表附近有人在挖地道。

就這樣，土耳其人挖地道的進攻方式也失敗了。

雖然土耳其人的攻擊一而再、再而三被拜占庭人化解，但無可置疑的是，君士坦丁堡守軍愈來愈疲憊，在缺乏強力援軍下，破城只是時間問題。而且，土耳其人也愈來愈不耐煩。他們決定把一切可以丟的東西都丟進城裡，君士坦丁堡的城牆在連番砲擊下只剩下頹垣敗瓦。

◇君士坦丁堡的哀鳴

五月二十七日，土耳其人連續不斷的攻擊使君士坦丁堡守軍再無足夠時間修復城牆。穆罕默德二世準備讓土耳其軍隊攻入君士坦丁堡，卻下令禁止士兵破壞城市結構。他要這座城市完整無缺，因為他將會把帝國首都搬到這裡來。然而，他卻允許士兵隨意在城裡燒殺搶掠。

君士坦丁十一世終於知道，他的末日要來臨了。他鼓勵身邊僅剩的四千名士兵與他奮戰到最後，此時守軍只剩戰事開始時的一半。五月二十九日，在經歷了四十七天的守城戰，土耳其入侵者終於來到了眼前。君士坦丁堡守軍此刻仍奮勇抵抗，向土耳其軍隊淋滾油、推倒他們的梯子，但這只是稍稍拖延了城破之時。

穆罕默德二世下令精銳的土耳其新軍攻入君士坦丁堡。土耳其新軍正式名字是耶尼切里（Janissaries），是鄂圖曼帝國在巴爾幹半島的基督徒家庭中挑選出合適的幼童，帶回宮廷訓練成戰士。這些新軍戰士不負蘇丹所託，很快便攻入城裡。他們打開了聖索菲亞大教堂的銅製大門，把裡面正在禱告的基督徒全數殺死。在這一夜裡，君士坦丁堡到處都是慘叫聲和哀鳴聲，如同地獄一般。沒被殺死的，就成了奴隸或階下囚。

✧ 最後的榮耀

城破之時，君士坦丁十一世脫下了象徵皇權的紅袍和飾物，換上了一般的士兵服，接著跟他身邊的士兵說：「這座城市已經陷落，但我還活著。」

這不是苟且偷生的人會說的話。君士坦丁十一世隨後與士兵一同突圍而出，在這個屬於他們的最後戰場裡，決意奮戰到最後一刻。而他的身影，最終在戰場上消失得無影無蹤。

拜占庭帝國的滅亡，富有羅馬獨特之處。建立羅馬城的人叫羅穆路斯（Romulus），而建立羅馬帝國的人則叫奧古斯都（Augustus）。諷刺的是，西羅馬帝國最後一位皇帝名字是羅穆路斯．奧古斯都。拜占庭帝國的滅亡也有相似的地方，第一位皇帝是君士坦丁一世，而最後一位皇帝也剛好叫君士坦丁。

這個帝國原是歐洲基督教文明的堡壘，多個世紀以來因為它阻擋了穆斯林的入侵，歐洲脆弱的文明才得以保存。一四五三年後，帝國不復存在。在往後不久，穆斯林軍隊將染指歐洲，為歐洲帶來了極大威脅，甚至一度使基督教文明處於危急存亡之秋。

不過，也是因為拜占庭帝國的滅亡，一些保存在帝國裡的經典，才透過逃離君士坦丁堡的學者傳入歐洲，由此激發了影響深遠的文藝復興。因此，史學家把拜占庭帝國滅亡的年份，定義為中世紀的結束。「羅馬」這個字後來被莫斯科大公國繼承，其統治者伊凡三世（Ivan III）迎娶了拜占庭公主後，自封為羅馬帝國繼承者，首都莫斯科也被他稱為「第三羅馬」。

十五世紀，東方穆斯林把東正教堡壘消滅，但同時在西方的伊比利半島進行的領土收復戰爭，西班牙基督徒卻成功把穆斯林消滅。或許，這就是歷史的諷刺吧。

西歐伊斯蘭堡壘陷落：格拉納達王國滅亡

當一四五三年拜占庭帝國首都君士坦丁堡陷落於土耳其人手中時，代表了東方基督教堡壘正式淪陷，落入穆斯林手中。由土耳其人統治的鄂圖曼帝國，也正式成為東方的霸主，在後來數個世紀裡，始終威脅著歐洲諸國。

但冥冥中像有主宰似的，在三十九年後，位於西歐的最後一個伊斯蘭堡壘，正式陷落於基督徒手中。當基督徒在東方再無勢力之時，穆斯林也失去了位於西歐伊比利半島（今天的西班牙和葡萄牙）的勢力。這便是最後一個伊斯蘭「泰法王國」格拉納達王國（Emirate of Granada）滅亡的事件。

當羅馬帝國在四七六年滅亡後，伊比利半島成為了西哥德人（Visigoths）領土，並皈依了基督教。他們建立了西哥德王國，統治該地直到七二一年時，被來自北非的摩爾人（Moors）征服並滅亡。摩爾人意指來自北非的穆斯林，是當時阿拉伯帝國倭馬亞王朝（Umayyad Caliphate）派來征服伊比利半島的。後來，摩爾人在七三二年企圖越過庇里牛斯山，侵略位於高盧的法蘭克王國，卻被王國宮相鐵鎚查理（Charles Martel）阻止無法繼續挺進，從此摩爾人定居於伊比利半島的南半部，北半部則是眾多基督教王國的勢力。

十一世紀以後，伊比利半島的穆斯林勢力分裂為眾多小國，這些小國被稱為「泰法」（Taifa）。他們互相攻伐，就像春秋戰國時代。有時候這些泰法王國還會與北方基督教王國結盟對抗其他泰法王國對手。因為穆斯林勢力在伊比利半島的分裂，北方基督教諸王國正式展開了漫長的「收復失地運動」（Reconquista）。直到十五世紀中葉，卡斯提亞王國女王伊莎貝拉一世（Isabella I）和阿拉貢王國國王斐迪南二世（Ferdinand II）聯姻，建立統一的西班牙王國，把矛頭指向了伊比利南方土地。

一四八二年，伊比利半島最南方剩下最後一個泰法王國——格拉納達王國。格拉納達王國當時一直是西班牙王國的附庸，在強鄰面前只能苟延殘喘。雖然如此，格拉納達王國的宮廷，並沒有因此而變得團結，反而還一直在進行權力鬥爭。格拉納達王國滅亡前十年，宮廷權力鬥爭從來沒有停止過，這點跟晚期的拜占庭帝國有點相似。

格拉納達國王穆罕默德十二世（Muhammad XII），西班牙人又稱他為「波伯迪爾」（Boabdil），這是個必須記著的名字。一四五三年拜占庭帝國滅亡時，皇帝君士坦丁十一世（Constantine XI）拚死抵擋土耳其人進攻，沒有一刻有投降的打算。或許命運就喜愛捉弄人，拜占庭帝國最後一位皇帝的名字是君士坦丁，這個名字曾是偉大拜占庭帝國奠基者君士坦丁大帝的名字。而穆罕默德十二世的名字，也是在伊斯蘭世界極其重要的名字——先知的名字。如今君士坦丁十一世和穆罕默德十二世，卻面對著同樣相似的命運。

穆罕默德十二世在一四八二年反對他父親阿布．哈桑．阿里（Abu l-Hasan Ali）的統治，成功將其推翻，成為格拉納達蘇丹。後來阿里復辟成功，卻在不久後被其弟穆罕默德十三世搶了王位。穆罕默德十二世首次帶兵征戰卡斯提亞，卻兵敗被俘。為了重獲自由，他與伊莎貝拉一世達成協議，藉由基督教勢力的幫助來打敗他的叔叔，重奪格拉納達王位，但條件是成功後必須向西班牙納貢。

一四八七年，穆罕默德十二世在西班牙人幫助下，成功復辟，但此舉只不過是引狼入室的前奏，昔日的基督教盟友，如今變成格拉納達王國的亡國喪鐘。西班牙人此後侵入南方，征服了許多由摩爾人統治的城市，而穆罕默德十二世卻不聞不問。事實上他也無能為力，因為他的王位是由西班牙人扶植的，而且格拉納達的國力，根本就無法與西班牙對抗。

不出所料，就在隔年，西班牙開始占領格拉納達王國的各個城池。一四九一年，格拉納達王國統治範圍只剩下首都格拉納達。這與拜占庭帝國亡國前只剩下首都君士坦丁堡的情況十分相似。這年，西班牙軍隊重重包圍著格拉納達。在經歷了數個月的抵抗後，城內已經彈盡糧絕，格拉納達的淪陷只是時

穆罕默德十二世向伊莎貝拉一世和斐迪南二世投降。

（圖片來源：維基百科）

間問題。絕望的穆罕默德十二世為避免首都陷落後自己的人民會被征服者報復，他決定投降。然而，因為對自己的人民和祖先深感愧疚，他不敢使用格拉納達正門出城，只從側門出城。

穆罕默德十二世在卡斯提亞女王伊莎貝拉和阿拉貢國王斐迪南面前跪下，並向他們獻上城門鑰匙，標誌著最後一個在伊比利半島的伊斯蘭政權滅亡，結束了摩爾人長達七個世紀在伊比利半島的統治。穆罕默德十二世並不是無條件投降的，他要求西班牙保障格拉納達王室的財產和人身安全，而且必須尊重穆斯林的信仰自由、法律和傳統等等，伊莎貝拉一世和斐迪南二世答允了。

格拉納達王國滅亡後，穆罕默德十二世在西班牙南部被封了一小片土地，但他也許不能接受在亡國故地上繼續生活，最終選擇離開流亡到北非。穆罕默德十二世一生是很多後世文學喜愛描寫的主題，畢竟他的一生是頗為傳奇。

不久後，西班牙人撕毀了當初答允他的投降條件，開始以異端之名迫害穆斯林和猶太人，強迫他們改信基督教，最終在一五〇〇年引發了穆斯林的暴動反抗。當暴動被鎮壓後，西班牙強行驅逐不肯改信基督教的穆斯林和猶太人，導致很多異教徒流亡海外，流離失所。

雖然西班牙人已經把伊斯蘭勢力逐出伊比利半島，但在他們的眼中「收復失地運動」並未完成，他們還要征服北非。因為昔日北非的土地，曾被羅馬帝國統治。不過，阿拉貢國王斐迪南二世希望把重心放在與法國的爭霸當中，與之爭庇里牛斯山脈和義大利的土地。卡斯提亞則把全副精神放在開拓海外、尋找新世界的事業裡，最後由指派的哥倫布發現了美洲大陸。

西班牙在美洲建立起幅員遼闊的殖民地，獲得了巨額財產，最後成為了世上第一個日不落帝國。伊莎貝拉和斐迪南的外孫卡洛斯一世（Carlos I）不僅繼承了他們留下來的巨大帝國，而且更成為了神聖羅馬帝國皇帝，是十六世紀時歐洲最具權力的君主。而卡洛斯一世統治的帝國，被稱為哈布斯堡帝國。

百年防疫大作戰：查士丁尼瘟疫席捲拜占庭

五四二年，位於歐洲東南部的拜占庭帝國的首都君士坦丁堡出現了一次大災難。前一年，帝國其他地區便已出現了類似的災難。這災難在之後的兩百多年間持續肆虐地中海地區，奪去了幾千萬人的性命，直至七五〇年才告結束。這場可怕的災難，在歷史上稱為「查士丁尼瘟疫」（Plague of Justinian）。

✧ 瘟疫的出現及傳播

這種病首先源自東方，然後透過海陸貿易路線傳到非洲的大湖地區。拜占庭帝國史學家普羅科匹厄斯（Procopius）曾指出，查士丁尼瘟疫的原發點是埃及尼羅河流域，而傳染病在這裡分別向北面的亞歷山卓和東面的巴勒斯坦地區傳播。

傳染病是如何迅速傳開的呢？老鼠是一個重要媒介。在六世紀，北非地區是拜占庭帝國主要糧倉，也是大量資源的供應地。這些運載糧食、物資和戰利品的商船是老鼠的絕佳容身之所，牠們偷吃糧食時，會在這些地方留下病原體。一般來說，老鼠從出生到死亡，活動範圍都不會多過兩百公尺，但唯有這些商船，無意間把牠們運送到帝國每一個角落。

同時，義大利南部也正在經歷氣候轉變。夏天不尋常地下雪，溫度也比平常要低，加上當時義大利南部戰禍連綿，農作物歉收，居民因此開始變得流離失所，傳染病也就因此傳播得更快。直到五四二年，鼠疫終於在拜占庭帝國全面爆發。由於當時統治帝國的皇帝名叫查士丁尼一世，因此這場鼠疫便被稱為「查士丁尼瘟疫」。

✧ 鼠疫的病徵

普羅科匹厄斯在他的著作《祕史》（*Secret History*）中曾提到，患上鼠疫的人會出現幻覺、噩夢和高燒，而且腹股溝、腋窩和耳背會紅腫，有些人更會受不住而暈倒。這些病人出現如此痛苦的病徵幾日後便會死亡。普羅科匹厄斯認為，瘟疫大爆發是上帝對查士丁尼窮兵黷武、塗炭生靈的懲罰。

頻繁的戰爭和貿易加快了瘟疫傳播，導致整個拜占庭帝國都受到瘟疫侵襲。

查士丁尼在統治初期征服了不少地區，先是打敗汪達爾人（Vandals）和柏柏人（Berbers）並控制了北非地區，後來打敗東哥德人並控制了義大利地區，抵禦了法蘭克人、斯拉夫人和阿瓦爾人（Avars）和其他蠻族部落對帝國的入侵。因為戰爭，士兵行軍和糧餉補給線就成了傳播病菌的絕佳途徑。

當五四二年大部分戰爭都已落幕後，人們開始安定下來，造成了瘟疫在社區爆發。尤其君士坦丁堡作為帝國政治和商業中心，情況更加嚴重。這座城市位於歐亞要衝，是中西貿易路線的必經之地，來自中國、中東和北非的商旅都匯聚於此，瘟疫也因此輕易傳播到這裡。

不過，歐洲北部和內陸郊區並沒有受到瘟疫的影響，這是因為傳播病菌的老鼠只會出現在港口和商船附近。當時歐洲北部和內陸郊區並非處於貿易路線要點，因此也就沒事了。查士丁尼瘟疫在君士坦丁堡持續了四個月之久，然後在接下來的三個世紀繼續在歐洲肆虐。最後一次瘟疫爆發出現在七五〇年，一直到十四世紀時一場更大規模的瘟疫爆發之前，都未再有如此嚴重的瘟疫發生。

✧ 如何治療鼠疫

在當時還沒有病理學研究的中世紀裡，患了鼠疫的人會如何求醫呢？如果是有錢人或貴族，他們會找一些在埃及亞歷山卓學習過的醫生治療。他們所學的醫學理論源自於古希臘醫學家蓋倫（Galen）。蓋倫曾提倡一種名為「體液學說」（Humorism）

一幅描寫查士丁尼瘟疫時君士坦丁堡街頭情況的畫作。

（圖片來源：維基百科）

的概念，認為人體是由血液、黏液、黃膽汁和黑膽汁四種體液構成，如果這四種體液失衡，人便會生病。當然，依靠這學說從而治療鼠疫的效果成疑。

至於其他平民，就無法那麼容易得到醫生治療了。他們只好依賴一些「偏方」，例如用冷水洗浴、服食被「祝福」過的粉末、配戴護身符或手環，甚至服用生物鹼。當然，這些「偏方」都不會有效，他們最終只好到醫院求助，但他們反而會被隔離自生自滅。有少數人會大難不死自然痊癒，這些人會被認為是因為得到上帝寬恕而康復。

✧ 瘟疫對拜占庭帝國的打擊

普羅科匹厄斯認為在瘟疫肆虐期間，君士坦丁堡每天有接近一萬人死亡，但近代史學家認為這個數字被高估了。但無論如何，帝國因為這次災難的死亡人數估計為兩千五百萬到五千萬，占整個帝國人口百分之二十五。

這場橫掃拜占庭的瘟疫，為帝國在政治上和經濟上都帶來了沉重打擊。首先，因為瘟疫蔓延，帝國抵抗外族入侵的能力大減。五六八年，倫巴底人（Lombards）征服北義大利，導致了義大利分裂，直到十九世紀才再度統一。至於本屬於拜占庭帝國的北非和近東地區，在查士丁尼死後便迅速被阿拉伯人占領，更一度威脅君士坦丁堡。失去北義大利、北非、近東地區後，拜占庭帝國變成了一個環愛琴海的區域帝國，而且因為人口大減，帝國無法維持國防軍力，經濟及行政結構也隨之逐漸崩壞。

貿易也因為瘟疫而停滯，人口驟減使農夫數量下滑而導致糧食短缺。但查士丁尼繼續執著於「羅馬帝國的復興夢」，他依然向人民徵收重稅，來維持他發動戰爭和在首都興建的各項建築的龐大開支，造成帝國財政在他死後幾近崩潰。

拜占庭帝國在六世紀到七世紀之間，曾經歷了接近亡國的艱苦時刻，這隨後引發了帝國擺脫古羅馬文化的殘餘特質，蛻變成一個全新、而且完全迥異的新帝國。

從親家變冤家：英法百年戰爭簡史

✧百年恩怨，話說從頭

要說歷史上為時最長的戰爭，那就非提及英格蘭與法蘭西之間發生的一場戰爭。這場戰爭名叫英法百年戰爭（Hundred Years' War），就如名字所說，戰事斷斷續續地維持了一百多年，從一三二八年一直打到一四五三年，雙方都歷經幾代國王。是什麼原因導致英法兩國打了一百年仗還是解決不了紛爭呢？這兩家人是否有什麼恩怨情仇，糾纏不清呢？

故事是這樣的。話說十一世紀時，法國北部諾曼第公爵威廉有天渡過英倫海峽，來到英格蘭展開征服戰爭，最後果真給他成功當上了英格蘭國王，稱威廉一世（William I），外號征服者威廉（William the Conqueror）。來自法國的他在英格蘭開創了新的時代，他入主英格蘭後，當地文化和語言起了翻天覆地的變化，原來的本土英格蘭文化受到了法蘭西文化影響，成為今天英國文化和語言雛形。不過，同時也因為他的雙重身分，埋下了一顆政治上的定時炸彈。

原因很簡單，但導致的問題卻複雜得很。威廉一世征服英格蘭後，除了本身的諾曼第公爵頭銜外，還從此多了另一個新頭銜：英格蘭國王。威廉一世雖然成為了英格蘭統治者，但不代表他就這樣肯放棄在法國北部諾曼第的領地。然而，根據中世紀歐洲的封建制度，他既然作為諾曼第公爵，那就等於臣服於法國國王之下，而他所征服的英格蘭土地，理論上也應該屬於法國國王。但是，英格蘭國王這個名銜，又理應與法國國王平起平坐。

因此，法國國王腓力一世（Philip I）要求威廉一世，要麼英格蘭劃入法國，要麼威廉一世交出諾曼第領地。對於威廉一世來說，這兩個要求都不能接受，於是，英法之間的矛盾由此而起，威廉一世餘生精力都花在跟法國的戰爭中。

此後二百多年，英格蘭始終控制著在法國屬於英王的土地。歷代英王與法王，為此而爭拗不斷。直到愛德華三世（Edward III）成為英格蘭國王並親政後，事情有了更大的爆發點。愛德華三世祖父愛德華一世和父親愛德華二世窮盡一生進行征服蘇格蘭的戰爭，不過始終不能讓蘇格蘭好好聽話，除了因為蘇格蘭人的強悍不屈之心外，還有一個重要的外在因素——法國在背後扯後腿。

愛德華三世認為，只要搞定蘇格蘭背後的大哥法國，小弟蘇格蘭就會乖乖聽話。不過，發起戰爭必須有個名目。剛巧，就在一三二八年，法國那邊發生了一件大事。

✧ 王位繼承紛爭

那年，無子無女的法國國王查理四世（Charles IV）駕崩。英格蘭國王愛德華三世的母后是查理四世的妹妹，因此他認為自己擁有法國王位繼承權。與英格蘭人是世仇的法國人當然極力反對，法國貴族們為了剝奪查理四世妹妹的繼承資格，不惜動用其祖宗法蘭克王國訂立的古老法律：「薩利克法」（Salic Law），排除了法國女性王室成員的王位繼承資格。因為薩利克法，愛德華三世的母后，亦即查理四世的妹妹喪失了王位繼承權，愛德華三世就失去了合法的繼承法理依據。「薩利克法」的動用影響深遠，它造成法國此後不曾出現過一位女性君主。

同時，法國貴族決定擁立查理四世堂弟腓力六世繼位。腓力六世的繼位更是代表了法國卡佩王朝（House of Capet）的結束，進入瓦盧瓦王朝（House of Valois）時代。此舉引起愛德華三世嚴重不滿，戰爭硝煙徐徐燃起。

一三三七年，腓力六世指責愛德華三世沒盡作為法國封臣的責任，於是宣布收回他在法國的領地，意思就是要把英格蘭勢力趕出法國。愛德華三世知道這是個開戰的絕佳理由，因此決定以此為由攻打法國。就這樣，埋下三百多年的政治定時炸彈終於爆了，慘烈的英法百年戰爭爆發。

發動百年戰爭的英王愛德華三世。

（圖片來源：維基百科）

✧ 戰爭的第一階段

英法百年戰爭的第一階段發生在一三三七年至一三四八年。愛德華三世身上深得爺爺愛德華一世真傳，擁有極高軍事才能。他親率一支擁有三百艘戰船的艦隊來到法國北部水域。當法國看見海上的英軍，急忙花費大量銀子僱用了擅長海戰的傭兵軍團應付。腓力六世心想，英軍數量不多，而且對於海戰經驗豐富的傭兵軍團來說，戰勝英軍根本只是時間問題。可是，諾曼軍團卻犯了一個嚴重錯誤，這個錯誤大家或許十分耳熟能詳，就是他們用鐵鍊鎖著自己的船隊。

因為船都連在一起了，法國這支海上僱傭軍團無法有效移動，最後被英軍殲滅。這場海戰被稱為「斯勒伊斯海戰」（Battle of Sluys）。英軍就這樣成功控制了海峽，登陸上法國土地，補給也就不成問題。英軍接著進攻布列塔尼（Brittany）。布列塔尼意思就是「小不列顛」，其名字來自「不列顛」（Britain）這個名字，本來是英格蘭在法國的領地，後來布列塔尼被法王沒收。這個地方的親英和親法勢力一直相持不下，以目前情況來說，英格蘭暫時控制了布列塔尼。

正當愛德華三世在布列塔尼準備好大舉進攻巴黎之際，教宗此時出面調

法王腓力六世。

（圖片來源：維基百科）

停。教宗也算是有點威望，英法雙方只好給個面子，表面上同意稍稍停戰。不過，這明顯只是權宜之計，雙方在這段時間仍然積極備戰。一三四六年，愛德華三世首先按捺不住，他重新來到法國的占領地，準備好進攻巴黎。法國那方也都妥當，準備迎擊。

不說過程，先說結果。法國慘敗，腓力六世中箭重傷，他的戰馬也死了，法軍幾近全軍覆沒，靠的是幾十位騎士掩護下逃離戰場。

✧傳說中足以射穿甲冑的英格蘭長弓

究竟是什麼原因，導致法軍的慘敗呢？原因有二，一是兵種、二是將才。英格蘭當時主力是長弓兵。長弓是當時一種來自威爾斯的嶄新武器。愛德華一世征服威爾斯後，發現當地的山區盛產一種紫杉木。這種木材十分輕巧而且韌性很強，極適合製成弓箭。利用這些木材製成的長弓五尺長仍舊十分輕便，拉滿時不但不會折斷，而且釋放時的力量可以把箭射到極遠距離，威力極大，可以射穿遠在二百公尺開外的盔甲（鎖子甲）。在火藥還沒發明的中世紀冷兵器時代，這種長弓其實霸道得很。

至於法軍則還是沿用一種十分古老過時的兵種：重裝騎兵。所謂重裝騎兵，是一種連人帶馬穿著厚厚裝甲的騎兵，作用就是在部隊前方衝刺，以類似坦克的作用衝散敵人，是威廉一世征服英格蘭的主力兵種。不過，這種騎兵有個致命缺點，就是行動力十分有限，只是行軍就已十分消耗體力。而且，如果士兵從馬上摔下來，一身厚重盔甲的他要站起來會很費力，更遑論繼續作戰了。

威廉一世都過世兩百多年了，法國還是在使用這種沒有進步的兵種。法國其實也知道此事，因此花了大量銀子從熱那亞那裡請來了一批弩砲僱傭兵。弩砲需要兩人同時操作，置放在平地時可以連續地射出箭雨，威力十分強大。

既然法國的重裝騎兵是用作衝鋒陷陣，在面對英格蘭的長弓兵極遠的射程和極大的威力下，這些重裝騎兵還沒看到英軍的真面目便老遠中箭領便當了。弩砲兵雖然威力強大，但射程卻完全不及長弓兵，基本上沒法發揮威力。在兵種運

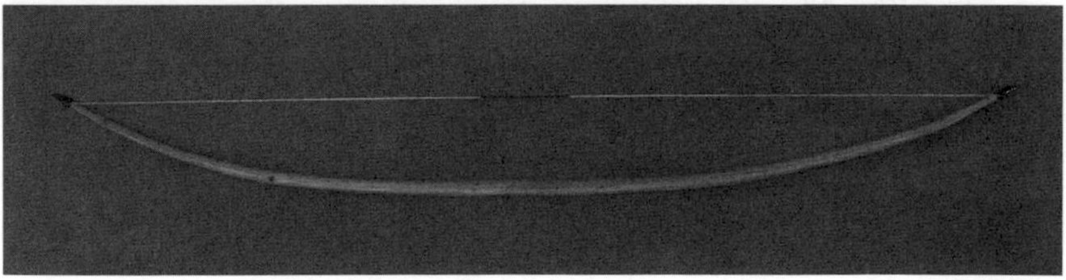

英格蘭長弓。

（圖片來源：維基百科）

用上，英格蘭一開始便處於優勢。

✧ 克雷西之戰

第二，一位戰將的出現也改變整場戰役。愛德華三世征戰時帶著兒子兼王位繼承人黑太子愛德華（Edward the Black Prince）。正所謂虎父無犬子，這位黑太子也是個軍事天才，在百年戰爭中的作用很大。愛德華三世本要進軍巴黎，怎知在得悉腓力六世在巴黎靜候自己的出現後，便掉頭離開。腓力六世以為愛德華怯於自己威名，於是帶著法蘭西騎士和其他盟軍衝出城門，追擊英軍。

法軍來到了一處稱為克雷西（Crécy）的地方。他們這才發現，原來英軍已埋伏在眾多小山丘上。以形勢看來，英軍占據了制高點，法軍只能仰攻。當時天正下著大雨，法國先派出弩砲兵攻擊。不過，受到天雨影響，弩砲不僅發射緩慢，而且射程也大為縮短，弩箭只能到達山腰上。反之，英格蘭長弓兵的箭卻像大雨般從高處射向法軍，造成弩砲兵死傷無數。腓力六世見狀，立即派出重裝騎兵出戰。此時，年僅十六歲的黑太子帶著騎兵衝向法軍，背後有長弓兵的箭雨掩護。

很快地，法國的重裝騎兵部隊大部分被黑太子的部隊斬下馬，前來支援的波希米亞國王約翰一世（John I）也成為了刀下亡魂。腓力六世知道這場戰事敗局已定，於是在數十位親兵掩護下逃離戰場。這場戰役便是英法百年戰爭一場首階段決定性戰役——克雷西戰役。相傳黑太子為紀念此事，在個人徽章上擅自加了三根羽毛。他這個做法，成為了後來歷代威爾斯親王冠徽中的特徵之一。

此戰之後，英軍基本上控制了戰爭的節奏，黑太子在沒有遇到太多阻力下，繼續在法國土地上馳騁，占領了加萊港（Calais）。這個加萊港，就算是百年戰爭結束後，

黑太子愛德華在克雷西戰役中，望著被他殺掉的波希米亞國王約翰一世。
（圖片來源：維基百科）

仍掌控於英格蘭手中，成為英格蘭在法國土地上的一根針，對入侵和威脅法國起了十分大的戰略和經濟作用。

一三四八年，第一階段的戰事結束了，結束原因卻很駭人，因為黑死病襲來了。黑死病席捲歐洲，法國也不能倖免。愛德華三世嚇壞了，趕緊回到英格蘭。為了防止黑死病傳入英格蘭，他甚至下令封鎖所有港口，船隻不得出海。但是很不幸的是，黑死病還是隨著老鼠傳來英格蘭。在往後十年間，黑死病讓英法兩國暫時停戰，兩家都因為這場瘟疫，人口少了一半。

✧ 硝煙再起，普瓦捷之戰

黑死病的肆虐，讓本來戰爭中的英格蘭和法國也不得不暫時停下來，他們雙方就這樣停戰了八年。一三五五年，疫情終於結束得差不多了，撐過瘟疫的人現在又開始想打仗了。

法國這邊算是倒楣一點，敵人愛德華三世和黑太子愛德華都沒能死成，威脅猶在，自家國王腓力六世卻已撒手人寰。法國王位由腓力六世兒子約翰二世繼承。這個約翰二世完全不像他爸，他爸是個硬骨頭，他自己卻是個仁厚老實的人，所以他有個外號叫「好人約翰」，這點容我後頭再說。

黑太子當然不會因為對方宅心仁厚而有半點憐憫之心。他很快就乘船登陸到法國的波爾多（Bordeaux），然後從那裡一路打過去，在法國土地上縱橫。黑太子的作風十分慓悍殘忍，所到之處必會實行焦土戰術，燒殺搶掠做盡，目的就是要狠狠地削弱法國的抵抗力量。

約翰二世看到英軍如此作風，宅心仁厚如他，也無法容忍如此冷血行為。既然黑太子的軍隊已經深入法國內陸，約翰二世認為這是關門打狗的好機會，於是便指揮軍隊從各路包抄黑太子，斷他後路，雙方最後在普瓦捷（Poitiers）相遇。原來，黑太子的人馬只有六千多人左右，法軍卻超過兩萬人，雙方兵力懸殊。

不過，一場戰爭的勝負之分不單是看誰兵夠多。本

普瓦捷之戰被英軍俘虜的法王約翰二世。

（圖片來源：維基百科）

來，黑太子見形勢不太對勁，想與約翰二世談判。他說，如果法軍肯開出一條路讓他平安撤回英格蘭，那他可以保證往後數年不會再來騷擾，而且會放棄所有在法國劫掠而得的物資和戰利品。約翰二世雖然老實，但不代表是個笨蛋，他知道黑太子開出空頭支票，回到英格蘭還不是會撕毀承諾？加上這次是個好機會一舉收拾黑太子這個眼中釘，於是他便一口拒絕了黑太子。

既然談不攏，黑太子只好迎戰。法軍兵分四路，分別由約翰二世、王太子查理、克萊芒男爵和奧爾良公爵率領。黑太子把軍隊隱匿在樹叢裡，當法軍經過時發起突襲。面對長弓兵的攻擊，法國那邊的重裝騎士再一次嘗盡了苦頭，內部

普瓦捷之戰。

（圖片來源：維基百科）

指揮系統出現混亂，王太子和約翰二世的軍隊糾纏在一起。

黑太子看準這個機會，指揮將士衝進混亂中的法軍展開攻擊，最後成功以少勝多，在損失不多的情況下分別消滅和俘虜法軍各兩千人。更重要的是，黑太子成功抓獲約翰二世和小兒子腓力。這場以少勝多，讓黑太子愛德華威名遠播，使法國重創的戰役，就是著名的「普瓦捷之戰」。

✧「好人」約翰？「爛好人」約翰？

普瓦捷一役後，法國國王和小王子給俘虜到倫敦去了，愛德華三世卻不敢前往法國登基為法國國王。原因有二，一是法國貴族和人民不買帳，二是法國人還有一定抵抗力量。於是，愛德華三世改為利用約翰二世與小王子向法國勒索。

一三六〇年，身為法國王太子的查理暫時成為攝政。為了在英格蘭不斷的進攻下有喘息機會，他迫不得已跟愛德華三世簽定了屈辱的「布勒丁尼條約」（The Treaty of Brétigny）。條約中，英格蘭被允許擴大在法國的領地，而領地各領主（由英王控制）無須效忠法王，這實際就是把法國領土分割出來。除此之外，法國王室還需向英格蘭繳交巨額款項，來贖回他們的國王。

查理只好到處籌錢。但是，對於法國王室來說，這筆贖金之大，相等於他們五年財政收入，查理怎樣籌也籌不夠。愛德華三世見狀，只好先把約翰二世放回法國，讓他以國王名義籌錢，或許會順利一點，反正他的小兒子腓力還在倫敦當人質。

怎料，腓力竟然成功從軟禁中逃脫出來。一般人在想，既然約翰二世被釋放回國，腓力又成功逃脫，法國理應可以耍賴不付錢。然而，向來重視騎士精神的老實人約翰二世，卻主動返回倫敦！因為腓力逃獄，他覺得理虧，所以自願讓愛德華三世把他重新關起來。愛德華三世邊笑著表示敬佩、邊把約翰二世關進牢裡，心想實在求之不得。

約翰二世就是因為這樣，得了個「好人」稱號。不過，他這個崇高稱號，卻是耗用法國老百姓的民脂民膏換來的。為了讓國王平安回國，法國上上下下都費力籌錢，經濟和民生付出了沉重的代價，財政就這樣接近崩潰狀態。

✧ 戰爭的第二階段

一三六四年，正當查理終於籌夠錢時，約翰二世卻在倫敦病死了。他正式繼承法國王位，是為查理五世。因為布勒丁尼條約，英格蘭錢和地都得到了，暫時覺得滿意，此後五年間沒再與法國挑起大型戰爭。在這期間，查理五世則趁著這口喘息機會，重建法國的稅收系統和做了些政治上的改革，漸漸讓失去半壁江山的法國經濟重回軌道。

值得一提的是，因為在戰爭時期需要一位英明果斷的君主來帶領國家，查理五世在位時強化中央集權，讓法國王權得以大大加強，再不是從前那個政令不出法蘭西島（Ile de France）的法國國王了。

一三六九年，查理五世認為準備已經足夠，是時候要收復故土，重現法國的光輝。他宣布撕毀布勒丁尼條約，愛德華三世知道法國竟這麼大膽，氣得不可開交。於是，兩家又重新開戰，這就是英法百年戰爭的第二階段。

不過，這次輪到愛德華三世成為強弩之末。黑死病對英格蘭其實打擊不少，他因為處理疫情而心力交瘁，對統治國家這工作開始感到疲倦，晚年時開始沉迷跟情婦的感情生活中，政事全交給了小兒子蘭開斯特公爵——岡特的約翰（John of Gaunt）。不只如此，早年在法國領地以剝削方式弄來的財富也花光了，能支撐遠征的軍費大不如前，還使當地被壓榨的人民十分不滿，在立場上倒向法國，形成了「法蘭西國族」的雛形。

因為財政上的倒退，英格蘭在法國的實力嚴重被削弱，支撐戰爭十分吃力。反倒法國積累了不少財富，為光復戰爭做好準備。而且，法國人的夢魘黑太子愛德華，這位在第一階段戰爭中作為主導角色的人物，不久後染上重病，在一三七六年過世，死時還只是個太子，等不到成為英格蘭國王。愛德華三世知道兒子死訊後痛心不已，同時失去一員大將和王位繼承人，征服法國的戰爭恐怕無法順利完成。愛德華三世自己也在次年隨著兒子離世。

愛德華三世死後，岡特的約翰扶持了黑太子的小兒子理查二世繼承英格蘭王位，登基時才只是個十歲小孩。也就是說，約翰以攝政王身分，把持了朝政。現在，英格蘭政局變得愈來愈不明朗。

至於法國那邊，在查理五世領導下，卻有復甦跡象。他趁英格蘭無法兼顧政局和戰爭的情況下，一步一步收復失去的法國領土。法國汲取了對戰英格蘭長弓兵的教訓，不再正面以重裝騎兵迎擊，反而採取新的游擊戰法，避開與英軍正面交鋒，從而一步一步削弱對方實力。在十四世紀的七〇年代，除了一些仍舊控制在英格蘭手中的港口城市，法國幾乎收復了所有曾遭英格蘭控制的土地，逆轉了第一階段戰爭後的惡劣形勢。似乎，戰爭就要結束了。

不過，歷史告訴我們，這場戰爭沒有就此完結。一三八〇年，帶領法國走出困局、雄才偉略的查理五世突然逝世了。不幸地，隨著查理五世的逝世，法國陷入了混亂。既然英法兩家自身都有麻煩要解決，在往後二十年裡，他們雙方同意暫時不打擾對方，好讓各自處理好家中問題。於是，第二階段的戰爭又結束了，但戰爭硝煙仍沒熄滅。

帶領法國重返光輝的法王查理五世。

（圖片來源：維基百科）

✧ 英格蘭的內亂

黑太子愛德華死後，愛德華三世十分悲傷，這位畢生戎馬戰場的王子戰功彪炳，卻沒有享過半點清福。於是，他對黑太子的兒子，亦即是他孫子理查十分重視，為他繼承王位做了很多準備。愛德華三世一死，理查便順理成章繼承英格蘭王位（理查二世），並由他叔叔岡特的約翰當攝政。當時支持理查和支持約翰的兩大派系互相不和，英格蘭政壇上出現了黨爭內耗的局面。

理查二世是先王愛德華三世直接指定的繼承人，不少貴族擁護理查二世，加上約翰叔叔代表的蘭開斯特家族壟斷了英格蘭社會不少資源和產業，下層人民也不太喜歡他。因此，就算約翰叔叔曾有過垂涎王位的想法，也都不存在成功的客觀條件，而且從他後來作風來看，他本人也應該沒什麼異心。

在位期間內憂不斷的英王理查二世。

（圖片來源：維基百科）

愛德華三世晚年，英格蘭財政因戰爭開支而急劇轉壞。本來第一階段戰爭的勝利帶來的財富和名聲，讓全國舉國歡騰，無論是貴族和平民皆十分團結支持，但後來黑死病的襲來和第二階段的戰敗，卻開始讓朝野上下有所動搖，支撐王權的中流砥柱——貴族，又對財富縮水感到十分不滿。為穩定政局，王室只好擴大徵收一種名叫人頭稅的稅目，來滿足這些貴族的財務要求。

滿足到貴族的要求，卻加重了下層農民的負擔，這回輪到他們不滿了。一三八一年，他們終於承受不住重擔，鋌而走險發動了一場十分大規模的起義。他們組成起義軍，一度攻入倫敦，還從軍火庫中搶得了武器裝備，包圍躲在倫敦塔裡的國王和貴族。這些貴族都嚇壞了，把國王推出去跟起義軍首領談判。理查二世答應撤銷人頭稅，但農民要求不只如此，他們要求沒收貴族和教會的財產，分發給平民。貴族和平民都不好得罪，雙方談了半天始終沒法達成共識，衝突眼看就要爆發，農民決定要連同貴族和國王一併教訓。

就在此時，理查二世不知哪來勇氣，他大聲喝斥那些想以下犯上的農民，接著說，如果他能安全離開，就會答應他們全數要求，並會赦免他們造反。農民始終地位低微，面對國王突然如此嚴厲也是會忌憚的，看見這位年僅十四歲的國王突然像條真漢子，頃刻間心生畏懼，竟然乖乖讓了條路給國王和貴族離開！理查二世確定安全無恙後，就配合其他貴族，在隨後的兩個月逐步消滅起義勢力，順利把叛亂鎮壓下來。

✧蘭開斯特王朝崛起

經過這件事後，理查二世覺得自己是個當國王的材料，他有能力親政了。於是，他開始不聽攝政王約翰叔叔的意見，不把他放在眼內。他接掌權力後，第一時間不是要如何穩定民生，而是弄權，他想要削弱貴族及議會權力。幸而，約翰叔叔從中調停，理查二世才不致與貴族翻臉。不過，當約翰在一三九九年死掉後，理查二世與貴族之間再沒有緩衝，衝突便一觸即發。

其實，理查二世本人不太喜歡攝政王約翰叔叔，也不理解他的重要性。雖然約翰叔叔一直忠心耿耿，但他還是覺得約翰叔叔不斷掣肘自己，所以一直懷恨在心。等到約翰叔叔一死，他便把約翰叔叔的蘭開斯特家族抄了家，除了沒收他家的領地，還把約翰叔叔的兒子博林布羅克的亨利（Henry of Bolingbroke）流放到法國去。英格蘭貴族本來就跟國王不太合拍，當他們看到曾經位高權重的約翰家族也落得如此下場，心想說不定下個被抄的就是自己，於是暗地策劃要起來反對國王。畢竟，貴族教訓國王這樁事，在英格蘭並不是什麼新鮮事。

理查二世並未能察覺到危機，剛好愛爾蘭那邊又發生動亂，他就親自前往鎮壓。就在他離家後，亨利卻趁機從法國回到英格蘭來。當然，他不是回鄉探親，這次他是帶著軍隊回來，要來報復的。

亨利一進城，便受到倫敦市民和貴族夾道歡迎。他挾著這麼巨大的支持，順勢向理查二世宣戰。理查二世得知倫敦發生政變後，急忙趕回來，卻被亨利設計活捉，關在倫敦塔。

貴族和議會與理查二世的關係早已決裂，決定要廢黜理查二世。他們羅織了一些無法證實的叛國罪名加在理查二世身上。就這樣，理查二世在西敏廳（Westminster Hall）受審，罪名成立後被廢黜及關進牢裡，不久後便在牢中逝世。關於理查二世的死因，一般相信是餓死，極有可能是亨利為了斬草除根。

理查二世被廢黜後，亨利被加冕為英格蘭國王，稱亨利四世（Henry IV）。因為他來自蘭開斯特家族的關係，在他繼承王位的一刻，就是英格

開創蘭開斯特王朝的亨利四世。

（圖片來源：維基百科）

蘭蘭開斯特王朝（House of Lancaster）開始。亨利四世的王位是由篡奪歷史悠久的金雀花王朝（House of Plantagenet）而來，因此他在位十四年間都忙於鎮壓反對他家的勢力。

一四一三年，亨利四世逝世，死前留下了一個較為平靜的英格蘭給兒子亨利五世。亨利五世一登基，就很敏銳地發現了對家法蘭西出了個大問題，這是英格蘭重新染指法國的好機會。

就這樣，第三階段的英法百年戰爭將要開打了。

✧ 法蘭西的內亂

話說法王查理五世逝世後，由兒子查理六世繼承王位，時年一三八〇。查理六世登基時跟英格蘭的理查二世一樣，都只是個小孩。不過，這位孩子還有另一個問題，就是他患有精神病，因此查理六世有個外號叫「瘋子查理」。

既然國王年幼又有精神問題，要他親政可難為他，攝政王便是必要存在。攝政王是個很吸引人的職位，誰當上攝政王，誰就能大權在握，掌控法國朝政。當時爭做攝政王的有兩派勢力，一派以勃艮第公爵無畏的約翰（John the Fearless）為首，另一派則以奧爾良公爵路易一世（Louis I）為首。

一直以來，在法蘭西，這兩家勢力最大，經常互相競爭。如果其中一派當上攝政王，另一派自然嚴重失勢，日後必沒好日子過。於是，這兩派如今因為爭奪權勢，也不再有忌諱，誓要把對方剷除為止。而且，因為兩派鬥爭，下層人民成為了夾心餅乾，再加上長年戰爭，法國人民的不滿情緒日益提升。

一四〇七年，路易在街上被約翰派人刺殺成功。隨後以約翰為首的勃艮第派策動了巴黎人民暴動反對奧爾良派，希望將之徹底清除。怎知，約翰在這次暴動中失算，造成勃艮第派失勢，新任奧爾良公爵瓦盧瓦的查理（Charles of Valois）就成為了攝政王。

約翰心生不滿，為了挽回勢力，決定與法國的敵人英格蘭國王亨利五世結盟，倒過來攻打自己國家。其實，早在英法百年戰爭前，法國過去不時有內部爭拗，不少法國貴族都曾要求英格蘭出兵干預，所以約翰這趟賣國也非他首創。

至於亨利五世則是求之不得了，既然現在有人願意裡應外合，他也就不放過這個機會。不過，開戰總要有個理由，亨利五世要求法王查理六世把女兒瓦盧瓦的凱薩琳公主（Catherine of Valois）許配給他，並以法國兩塊領地作為嫁妝。查理六世雖然瘋瘋癲癲，但也不會瘋得就這樣把女兒和土地拱手相讓，於是立馬就拒絕了。亨利五世早就預料到會被拒絕，於是親自派兵渡過英倫海峽，向法國開戰。

第三階段的英法百年戰爭，正式開打！

◇一統江山

一四一五年，英軍被法軍圍困在法國一個名叫阿金庫爾（Agincourt）的地方。在這之前，英軍經歷長途跋涉，又在攻城戰中傷亡慘重，已經疲憊不堪，有點強弩之末的味道。法國認為這是個好機會消滅英軍，各路貴族都帶兵來到阿金庫爾，準備嘗嘗打勝仗的滋味。

亨利五世手上兵力也才不到一萬人馬，法軍總數卻是其數倍之多。本來他有點懾於客觀戰況，想與法國講和，但法國又豈肯放棄這絕好機會呢？於是，亨利五世無可奈何，只好奮戰迎敵！

這種戰況是不是有點似曾相識？沒錯，就好像第一階段戰爭時黑太子愛德華面對法軍包圍的克雷西之戰。在克雷西之戰中，英軍憑著長弓兵的威力和地形優勢，以少勝多，重創法軍，黑太子打出了名堂。這次換成亨利五世，他確有點黑太子的風範，把法軍引到狹窄的通道上。

人類總要重複犯同樣錯誤！各路法國貴族無不想在這場仗中爭取軍功，他們那些穿著重裝的軍隊在狹道上你推我撞，方寸大亂，給亨利五世的長弓兵逐一擊破。在這仗中，法軍損失了大部分人馬，包括貴族和士兵，而英軍卻只損失寥寥數百。這便是英法百年戰爭中另一場著名戰役：阿金庫爾之戰。跟克雷西之戰一樣，英軍同樣在人數上處劣勢，也同樣是由長弓兵決定勝負。亨利五世因為這場戰役，聲名大噪。

就這樣，法國因阿金庫爾的慘敗元氣大傷，而且怯於亨利五世之名，軍心大亂，士氣一落千丈，已經無法作戰。亨利五世乘勝追擊，重新占據了法國大

阿金庫爾之戰當日清晨。

（圖片來源：維基百科）

片土地，這次連首都巴黎都被攻陷。這時，勃艮第公爵約翰感覺事情有點不對了，他只是要亨利五世幫忙打倒奧爾良公爵，並非要葬送整個法國給英格蘭啊。於是，他急忙聯絡奧爾良公爵查理，想與他和解，合力對付英格蘭。不料，兩家始終積怨太深，或許查理因國難當前有心和解，但奧爾良派的人卻沒放下成見，反而設計把約翰殺了。

於是，新任勃艮第公爵「好人」腓力又因父仇而不肯和解了，繼而與亨利五世脅迫奧爾良公爵和查理六世簽署屈辱的「特魯瓦條約」（Treaty of Troyes）。條約規定，法國王太子被剝奪王位繼承權，查理六世死後，將由英王亨利五世繼承法國王位，英法兩國成立共主邦聯，凱薩琳公主嫁到英格蘭，並以法國兩塊領地為嫁妝。

在特魯瓦條約下，英格蘭實際上便已吞併了法國。自征服者威廉離開法國諾曼第，在一〇六六年征服英格蘭成為英王後，一直來到一四二〇年，英格蘭終於在亨利五世統治下，達成了歷代祖先夢寐以求的宏大願望——兼併法國，一統河山。

亨利五世成就了前所未見的大業，英格蘭達成了最高峰和最榮耀的時刻。可惜的是，他在一次戰役中感染了傷寒，未能等到成為法國國王便帶著無比的遺憾和牽掛病逝。他臨終前看著自己未足一歲的幼子亨利，心想自己成就的功業也許就此前功盡棄。他感到遺憾的不是自己生命的短促，而是任他再雄心壯志、再才華洋溢，也只是一個敵不過死神召喚的凡人。如果他能活得久一點，百年戰爭可能早就結束，英法兩國的歷史軌道也許會完全不同。

一百多年後，英國大文豪莎士比亞筆下完成了一部文學作品《亨利五世》，描述的正是這位戰神國王短促卻無比精采的一生。

✧ 聖女貞德登場

亨利五世死後，幼子亨利繼承英格蘭王位，是為亨利六世。亨利六世的母親是法國凱薩琳公主，也就是說，他同時擁有英法兩國王室的直系血統。一四二二年，他的外祖父法王查理六世撒手人寰，這位天真爛漫的小國王尚未知道世界是什麼模樣，就達成了歷代英格蘭國王的夢想——同時繼承英格蘭王位和法國王位！

被特魯瓦條約剝奪了法國王位繼承權的王太子查理，為勢所逼下流亡到了法國南部，正感嘆著自己不幸又滄桑的人生。但世事無常，機會要來便來。當他得知那個人人懼怕的亨利五世突然病逝，而父王查理六世又在不久後離世後，便不顧特魯瓦條約的協議，自行在布爾日（Bourges）宣布繼承法國王位。

在法國替亨利六世攝政的貝德福特公爵蘭開斯特的約翰（John of Lancaster）聞訊後，認為必須要把法國王室的餘孽清除才能安枕無憂。於是，他背負著亨利五世的戰旗，繼承其遺志，繼續在法國土地上掃蕩。

話說現在英軍掌握了法國兩個非常重要的地方。第一個當然就是法國首都巴黎，另一個則是歷代國王的加冕地蘭斯（Reims）。蘭斯正由英格蘭盟友勃艮第公爵腓力控制，查理太子自封為法國國王後，卻不太得到承認，只被稱為「布爾日王」，原因一來是亨利六世才是合法的法國國王，二來就是查理沒在蘭斯加冕，成不了真正國王。其實，亨利六世也應該及時到蘭斯加冕，但可能英格蘭方面不太清楚法國傳統，而且這位小國王的頭還未能戴上厚重的法國王冠，所以沒有到這裡進行加冕儀式。

流亡的王太子查理，後來成為法王查理七世。（圖片來源：維基百科）

當然，英格蘭是絕不會讓查理太子自由進出蘭斯的。他們也不打算以逸待勞，正準備進攻查理太子最重要的根據地——奧爾良，想一舉消滅他餘下的武裝力量。當時，奧爾良是法國中部一個極其重要的戰略點，如果查理太子的軍隊失守了，那麼英軍從此便能長驅直入而無任何障礙，法國王室剩下占據的南部土地，恐怕也守不住了。法蘭西民族迎來了民族和國家存亡的關鍵時刻。

一四二八年十月，英軍重重圍困著奧爾良，並用了一招「圍點打援」，把前來馳援奧爾良守軍的法國軍隊一一消滅。奧爾良守軍在城中度日如年，眼看戰況每況愈下，城裡終有一日彈盡糧絕，深感無比絕望。每位守軍和平民都知道，城破之日就在不遠，而城破之日來臨時，也代表了國破家亡的喪鐘正式敲響。

就在查理太子極度徬徨和苦惱之際，一名十七歲的農村女孩拜訪了奧爾良的指揮官，要求與查理太子見面。指揮官通報查理太子，說這位女孩自稱是由上帝派來的使者，是來幫法國解圍的救兵。一眾貴族現在對戰局全無辦法，查理太子只好死馬當活馬醫，看看她有什麼良策。

不過，他沒有就這樣直接接見這位女孩，而是給女孩一道測試，要她認出混進軍隊中的自己。女孩顯然沒有見過查理太子，但憑著敏銳的觀察力，很快一眼便認出隱藏在軍隊中的查理太子。女孩果斷的判斷讓他大吃一驚，急忙問女孩的名字。

女孩接著趾高氣揚地說：「我的名字是貞德。」

◇ 銳利反攻

查理太子調查了貞德背景後，做出了他這輩子最正確的決定——把軍權交給貞德。也就是說，他把整個國家存亡的命運，託付給只有十七歲的女孩！其實，這絕對不是個容易的決定，試想想，如果查理太子沒有一定的用人智慧，又如何會把軍權交給一個農民女孩呢？而事實證明，他的這個決定正確到不行。

貞德接過軍權後，剪了一頭短髮，穿起借來的盔甲，成為了奧爾良的新統帥。她認為，死守是一條絕路，主動進攻才有戰勝可能。於是，她一反之前被動防守的做法，親自帶領奧爾良守軍衝出重圍，主動迎擊英軍！看見一個外表弱質纖纖的女孩尚且走在最前線勇猛殺敵，緊隨在後的男人也不好意思不全力作戰，士氣因而極度高昂。就是因為這種破釜沉舟式的反攻，貞德帶領的這次突圍讓英軍吃了苦頭，成功解救了奧爾良被圍之急！

奧爾良之戰勝利後，按正常人的想法，理應是直接進攻巴黎，一舉奪回首都。但貞德想法卻與眾不同。她認為，法軍氣勢再如虹，查理太子的王位也是名不正言不順，原因就是因為他沒在蘭斯進行正式加冕，沒人會承認他是合法的法國國王。於是，貞德主張在進攻巴黎前，必須先重奪蘭斯，讓查理太子加冕。

雖然，攻打蘭斯一役比解救奧爾良之圍更艱苦卓絕，但貞德仍然不負眾望，花了三個月終於攻陷蘭斯。查理太子隨即在這裡加冕為法蘭西之王，成為真正的查理七世。現在，他是正式的法國國王了，亨利六世現在反而不合法。就這樣，查理七世可以名正言順地以收復法國國土之名，攻打巴黎而獲得人民的支持了。

貞德向查理七世建議趁英軍未回氣前直接進攻巴黎，一舉消滅英軍勢力，查理七世卻搖擺不定。而且，查理七世身邊的拉特雷穆瓦耶伯爵喬治（Georges de la Trémoille）也從旁警告，貞德聲勢愈來愈浩大，怕有天會直接威脅到查理七世的地位。時間就這樣被浪費，巴黎守軍趁時加強了城池防禦，後來導致貞德攻打巴黎時極度困難，久攻不下，最後在不情願的情況下被

在查理七世加冕儀式中的貞德。

（圖片來源：維基百科）

查理七世召回。

✧壯烈犧牲

此戰後，查理七世解除了貞德的軍權，很多追隨貞德的人十分不滿，就這樣告老還鄉，只剩貞德沒有就此離開查理七世。沒有貞德指揮的法軍，又再開始呈現衰敗之勢，剛剛辛苦攻下的城池又一次落入英軍手中。然而，貞德沒有因此心灰意冷，一直在鼓勵將士，並同時親自招兵買馬組成了一支游擊隊，繼續北上與英軍作戰。

當她知道貢比涅（Compiègne）守軍被勃艮第公爵腓力的軍隊包圍時，立即帶兵前往支援。本來敵軍人數不多，貞德來到之後很有機會打贏，不料敵方援軍卻很快出現，貞德的部隊寡不敵眾，無計可施下急忙請求貢比涅守軍開城讓她的部隊撤入，貞德殿後。怎料，就在撤入途中，貢比涅守軍害怕敵軍會趁此機會攻入城內而突然關門。貞德被拒在門外成為了棄子，就這樣一直奮戰到最後一刻。貞德的部隊被殲滅，貢比涅守軍眼睜睜看著她被俘而坐視不理。

英方得知貞德被勃艮第公爵俘虜後，立即就用重金向他贖走貞德。這名女子是英軍的眼中釘，如果不是這個橫空出世的人，英格蘭早已成就大業。貞德被英軍押到法國一處名叫魯昂（Rouen）的基地。不過，作為一個天主教國家，英軍不能就這樣憑空加諸罪名在這個女孩身上。畢竟，這名女孩自稱是上帝派來解救法國的使者，而她的確成功為法國力挽狂瀾，所以英格蘭方面的騎士和主教都不敢輕舉妄動，或許這真是上帝的旨意。

如果貞德真的是上帝派來幫助法國人的，那就更讓英人鬱悶，他們與法國人同樣是天主教徒，為什麼上帝偏要幫法國？關於這個問題他們很快就想通了，這個女孩不是上帝的使者，而是魔鬼派來的異端！這意味著什麼？這代表英軍要使用宗教法庭審判貞德，潛在罪名可以有兩種，一是「女巫」，二是「異端」。

只要有證據證明貞德是女巫，那麼就能直接用火刑燒死貞德，事實就變成英格蘭戰勝了依靠魔鬼力量反抗的法國，英軍頓時就成了正義之師。根據教義，魔鬼無法控制處女，所以處女不可能是女巫。於是，貝德福特公爵派他夫人前去檢查貞德是否處女，夫人如實地說貞德仍是處子之身，既然是自己夫人驗證，貝德福特公爵就不能以「女巫」之名定罪貞德，英格蘭還是有一點尊重法律的意識。

那麼剩下來只好看看貞德是否「異端」了。要證明貞德是異端便簡單得多，只要把異端的詳細罪名列出，再讓貞德在上面畫押即可。畢竟所謂異端的定義，在中世紀不是那麼清晰，所以這種宗教罪名多用作政治迫害。貞德的異端罪名多達七十條，這種傾盡全力迫害一個十九歲女孩的做法，實在是一件十分卑鄙的事。

當然，貞德雖然只有十九歲，卻是個寧死不屈的女英雄，她不可能自願在罪狀上畫押。於是，英軍便對她酷刑逼供，日日夜夜在肉體上和精神上折磨她。一個再倔強的女孩，也敵不過長時間身心煎熬和折磨，英軍趁她差不多失去意識時，就讓她在罪狀上畫了押。或許貞德當時心想，與其這樣折磨我，倒不如直接取我性命！

貞德「認了罪」，她就不是上帝派來的使者，而是魔鬼派來擾亂世界的人。本來，在英格蘭法律裡，這罪不致死，但宗教法庭為了斬草除根，便以貞德死不悔改

貞德被處決前。

（圖片來源：維基百科）

為理由，判處她火刑。於是，英軍不再對她忌憚，在貞德被處死前，還對她施加了百般凌辱。

火刑是中世紀一種處決異端或女巫的死刑。中世紀時，人們認為只有被火燒時，匿藏在身體裡的魔鬼才會被趕出來。如果要消滅這些異端或女巫，就更必須以火刑處死。一四三一年五月三十日，貞德被綁在木頭上活活燒死，過程中貞德仍呼喊上帝和耶穌的名字，場景實在令人心碎。這還不止，英軍為了確保貞德已被完全燒死，他們把貞德屍體取下來檢查，還讓周遭的人確認燒焦了的貞德已死，才再以火刑多燒一次使之成為灰燼。也就是說，這位為國捐軀的女英雄，被殘酷執行了兩次火刑！

二十五年後，亦即是英法百年戰爭結束後三年，教宗嘉禮三世（Callistus III）為貞德平反，並宣布她為殉教者。後來，分別在一九〇九年和一九二〇年，貞德先後被宣福及封聖，自此有了聖女貞德（Joan of Arc）之名。關於貞德的故事，在後世還有不少學者研究，她也成為很多文學作品的角色和對象，因而衍生了不少傳說。例如，貞德真正身分並非一個普通農民，而是查理六世的私生女、查理七世的妹妹。在十六世紀，貞德成為了法國天主教同盟（Catholic League）的精神象徵。

在十九世紀，她更被法國人的皇帝拿破崙宣布為國家英雄。

✧迎向勝利

貞德的死訊傳出後，法國人無不感到悲慟欲絕，哀鳴之聲處處。因為她的死，法國人終於願意團結，貴族們也終於肯放下私利，法蘭西民族在這刻終於形成。就算是那個因殺父之仇而倒戈投靠英格蘭的勃艮第公爵腓力，也因為自己如此害死貞德而感到慚愧。查理七世知道要戰勝英格蘭，腓力的支持和力量是關鍵，所以他派人跟腓力講和，並承諾為他找出殺父仇人。腓力知道，英格蘭最終目的是要征服法國，幫助他報父仇只是藉口，長久下去不是辦法。恰巧法王查理七世主動找他講和，權衡所有利弊後，腓力終於倒向法國這邊了。

此消彼長，加上法國上下團結抗敵，這時的法軍再不是那個全無士氣的軍隊了。還有就是盔甲的改良，法國的重裝騎士穿上更堅固的板甲代替過時的鎖子甲，抵抗長弓兵的能力大幅提升。面對氣勢如虹的法軍，英軍這方面卻因為失去盟友勃艮第公爵的力量，以及長期在外戰爭而出現疲態。

一四五三年，除了法國北部的加萊港仍然控制在英格蘭的手裡，法國基本上已經成功收復所有失去的土地，在戰爭中失敗的英軍只好撤回英格蘭。法國人終於成功把英人趕出了法國土地，持續了一百多年的戰爭終於在查理七世反攻下劃上句點。

自征服者威廉開始，歷代英格蘭國王都夢想能夠踏足法國土地，戴上法國王冠。由一三三七年愛德華三世宣戰並渡過英倫海峽來到法國，到一四五三年英格蘭勢力撤出法國，中間曾經短暫實現了統治法國的夢想，但最終一切只是曇花一現。在英法百年戰爭前，英格蘭的人們一直認為自己只是以過客的身分住在不列顛島，他們早晚要回到歐陸。不過此戰後，英格蘭就再沒有進行侵略歐陸的大型戰爭。或許他們終於發現，這座不列顛島，才是他們真正的故鄉所在。

英法百年戰爭後，法國基本上消停了，英格蘭這邊卻並未結束，百年戰爭才剛完結，不久後他們又再陷入了長達三十年的內戰——玫瑰戰爭（War of the Roses），而那又是另一段精采的故事。

千年一脈：法蘭西四大王朝簡史

◇四個王朝，同一血脈

現代我們所熟悉的法國，是個採用總統制的共和政體。但是，直至共和制真正確立前，法國一直是個採取君主世襲制的王國，其全名是「法蘭西王國」。既然曾經是個世襲王國，那麼，就必然有身為王室的家族持續統治，以血脈延續下去，這就是我們所稱為的「王朝」。歷史上的法蘭西王國，曾經出現過四個王朝：卡佩王朝（House of Capet）、瓦盧瓦王朝（House of Valois）、波旁王朝（House of Bourbon）和奧爾良王朝（House of Orleans）。

也就是說，法蘭西王國曾經受到這四個家族統治。不過，原來這四個家族，皆來自同一血脈。他們的祖先名叫雨果．卡佩（Hugh Capet），來自卡佩家族。

既然來自同一血脈，為什麼姓氏會不同？在回答這個問題前，讓我們先說說法蘭西王國是怎樣出現在這個世界上的。

✧ 西法蘭克王國與卡佩王朝

四七六年，西羅馬帝國灰飛煙滅。當時在歐洲大陸上，曾被羅馬人稱為「蠻族」的各日耳曼部落，紛紛在羅馬帝國故土上建立自己的王國。其中最強大的法蘭克人，便在羅馬人稱為高盧行省（Gaul）的地方上建立了法蘭克王國。

但要注意的是，法蘭克（Franks）並不等於法蘭西（France）。說白一點，法蘭克人其實是現代法國人、德國人和義大利人的共同祖先。他們曾經在中世紀前期建立起一個強大帝國，幅員遼闊。當八世紀傳位至查理一世時，法蘭克王國達到極盛，橫跨了今天法國、德國和北義大利大部分地區。查理一世是名符其實的「號令天下」，其他日耳曼王國君主完全不能比擬。

當時，羅馬教廷受到倫巴底人威脅，知道查理一世的強大，於是與他達成協議，為他加冕為「羅馬人的皇帝」，承認他具有統治歐洲的合法性，以換取查理一世保護。就是這樣，查理一世成為了當時歐洲最有權力、最有實力和最有威望的君主，因此被稱為「查理大帝」（Charles the Great），或稱「查理曼」（Charlemagne）。

不過就在他死後不久，法蘭克王國便分裂了。他的三個孫子互相爭權奪利，內戰隨即爆發。後來，在八八七年，他們達成和解，同意瓜分這個廣大王國。於是，法蘭克王國便正式分裂為三個獨立國家：西法蘭克王國、東法蘭克王國及中法蘭克王國。而當中的西法蘭克王國，才是今天我們認識的法國的雛形。

不過西法蘭克王國仍然不是法蘭西。法蘭西王國真正出現在歷史舞台上的時間，是西元九八七年。在這之前，統治西法蘭克王國的家族，叫卡洛林家族（Carlovingians），查理一世也是來自這個家族。毗鄰的東法蘭克王國，同樣是由這個家族統治。兩個王國的卡洛林王室命運截然不同，東法蘭克王國的卡洛林王室不幸地很快就絕嗣了，貴族又不想找西法蘭克那邊的卡洛林家族成員來當國王，所以

查理一世。

（圖片來源：維基百科）

就乾脆變成國王選舉制了，還成為了日後傳統，演變為神聖羅馬帝國。

至於西法蘭克王國的卡洛林王室也不比較幸運。一直讓西法蘭克王國最頭痛的問題是維京人的侵擾。維京人來自北歐斯堪的那維亞（Scandinavia），在十世紀後便不時來到歐洲搶掠。西法蘭克王國的君主大多軟弱無能，面對驍勇善戰的維京人，只能以金錢收買，換取短暫和平。這種懦弱作風，不只讓維京人變本加厲，還使王權衰落，王國內封建貴族勢力因此變得強大。其中勢力發展得最大的，就是法蘭西公爵（Duke of France）。

王權衰微，法蘭西公爵基本上掌握了實權。當最後一位卡洛林王朝國王路易五世於九八七年撒手人寰後，作為宮相的法蘭西公爵雨果・卡佩才被貴族和主教擁立為「法蘭克人的國王」。自此，西法蘭克王國便轉化為法蘭西王國了。

法蘭西諸王室家族的祖先，雨果・卡佩。
（圖片來源：維基百科）

✧ 瓦盧瓦王朝

從九八七年起，卡佩王室一直統治法國至一三二八年，長達三百多年。就在一三二八年這年，查理四世逝世，死後沒有存活的兒子，卡佩王室的直系男性後裔便從此絕嗣了。由於查理四世女兒嫁去了英格蘭，為防止其子英格蘭國王愛德華三世取得法國王位，法國貴族行使了「薩利克法」（Salic Law）。這是一部在法蘭克王國時期已經存在並用以限制女性繼承王位的法律，排除了愛德華三世的繼承資格。於是，這時只能從卡佩王室支系裡選一個成員繼承法國王位，那人就是瓦盧瓦家族的腓力六世。

其實，這個瓦盧瓦家族同樣源於卡佩家族。腓力六世祖父是卡佩王朝國王腓力三世。腓力三世把瓦盧瓦伯國分封給腓力六世父親瓦盧瓦的查理（Charles of Valois）。中世紀貴族在受封爵位和土地後，有個慣常做法，便是以受封土地名作為自己家族姓氏。

這是因為在歐洲封建制度下，出身於王室卻未能成為直系繼承人的，會成為諸侯並分封到不同封地。這些支系王室成員會經營屬於自己的封地，並以封地名作為自家族姓氏。這種做法，一來讓自己成為一個新的家族；二來，要與直系王族做區分。所以很多時候，我們會發現，中世紀不少貴族的稱謂是「地方名＋某人」。

於是，當直系王室絕嗣而失去了繼承人後，與直系王室有血緣關係的支系家族就有機會繼承王位，開創全新王朝。

瓦盧瓦家族統治法國直至一五八九年，其中較著名的君主便是騎士國王法蘭西斯一世。有趣的是，瓦盧瓦王朝最後一位國王亨利三世逝世後，只是男性後裔絕嗣，其實他還有女兒存活的，但是他的女兒卻沒法繼承王位。要知道在歐洲，王室女成員繼承王位的情況並不罕見，但唯獨法國卻從來沒有出現過一位女王。

這是為什麼呢？那是因為當初瓦盧瓦家族行使了「薩利克法」取得王位後，女性王室成員從此不能再繼承法國王位。於是，來到一五八九年，這回到了瓦盧瓦家族自食其果。卡佩家族和瓦盧瓦家族相繼絕嗣，現在只能選另一個支系家族——波旁家族成員繼承王位，而這個人就是亨利四世。

那麼，為什麼當初卡佩王室絕嗣後，不是波旁家族而是瓦盧瓦家族的人繼承王位？這原因有點複雜，簡單來說，就是因為波旁家族祖先羅貝爾（Robert）較瓦盧瓦家族要早受封成支系，其後透過聯姻控制波旁領地，其子路易才在一三九二年受封為波旁公爵，因此其王位繼承順位比瓦盧瓦家族的人要低。

✧波旁王朝與奧爾良王朝

波旁家族是一個比其祖先家族或其他支系家族更能做到開枝散葉的家族。他們的成員透過聯姻和戰爭陸續繼承了歐洲不少國家的王位。其中最著名的，就是在一七一四年西班牙王位繼承戰爭結束後取得西班牙王位。這個家族統治法國直至法國大革命結束，也就是一七九九年拿破崙掌權為止。波旁王朝較著名的君主有太陽王路易十四和被送上斷頭台的路易十六。

法蘭西王國最後一個王朝名叫奧爾良王朝。波旁王朝復辟後最後一位真正意義上的國王查理十世因施政失當，在一八三〇年爆發的七月革命中被推翻。波旁王室支系奧爾良公爵路易—腓力（Louis-Philippe）被擁立為國王，他是路易十四弟弟奧爾良公爵腓力一世的後代，統治直至一八四八年被推翻。

從以上我們可以知道，法國雖然歷經四個王朝，但它不像其他歐洲國家般會在別國找來有血緣關係的貴族來當國王，也沒有出過一位女王。所有在法國當國王的人都是正統來自卡佩王室。這其實就好像日本的「萬世一系」般，相信歷代天皇都是出自同一血脈。

最後，如果你今天認識一個歐洲人，察覺到他／她的名字含有地名，而且名字格式是「地方名＋某人」（如法語中出現de，或德語中出現von）的話，那他／她的祖先很可能是個貴族喔！

中古歐洲最殺男子團體：聖殿、醫院與條頓騎士團

◇聖約翰醫院

醫院騎士團（Knights Hospitaller）是中世紀歐洲三大騎士團之一，曾經有多個稱謂，包括羅得島騎士團（Knights of Rhodes）、聖約翰騎士團（Order of Saint John）和馬爾他騎士團（Knights of Malta）。他們所以有如此多的別稱，大概就是歸因於他們的歷史發展。

十一世紀時，一群來自阿瑪菲（Amalfi）的義大利商人在耶路撒冷建立了一所醫院，並將之命名為「聖約翰醫院」。醫院名字最初是為紀念七世紀時一名聖人：「仁慈的約翰」（John the Merciful）而設，後來則改為紀念更讓人熟悉的「施洗者約翰」（John the Baptist）。聖約翰醫院在不分膚色和宗教下，專門幫助那些窮困的病人和朝聖者。

後來，基督教歐洲掀起了解放聖地的熱潮。從一〇九六年至一〇九九年的第一次十字軍東征後，耶路撒冷被攻陷，當地眾多十字軍國家建立，耶路撒冷王國便是其中一個。而當時聖約翰醫院負責人受祝頌的傑拉德（Blessed Gerard），與幾位同伴一起擴大了這所醫院的工作，興建了不少旅舍，提供住宿和保護給來訪的朝聖者。一一一三年，教宗帕斯卡二世（Pashcal II）正式承認聖約翰醫院為宗教組織，而傑拉德與他的下屬也同時被承認為教廷認可的僧侶。

七年後，經過十字軍東征的耶路撒冷成為了宗教衝突的主要地點而變得不安全。後繼的醫院負責人皮爾的拉蒙（Raymond du Puy）重組醫院組織架構，並將之軍事化。一一三五年起，教廷允許聖約翰醫院獨立自主，不受其他區域性的宗教分部管轄，正式成為「醫院騎士團」。

醫院騎士團這個名字，分為「醫院」和「騎士團」。軍事化後，他們沒有忘記成立初衷，繼續經營醫院服務，逐漸主理了聖地大部分醫院。醫院騎士團在耶路撒冷的醫療網絡非常龐大，其中擁有一所能夠容納超過一千名病人的醫院。因為他們不會基於膚色或宗教而拒絕任何病人，所以身為基督徒的醫院騎士團也贏到了穆斯林的尊重。

就算後來耶路撒冷被薩拉丁攻陷，醫院騎士團仍被允許在一年時間內，關閉經營的醫院並遷走病人。其實，他們並不只侷限於在耶路撒冷設立醫院，也有在歐洲其他地區建設醫院，其中一所最古老的歐洲醫院建於一一二二年，位於現今荷蘭的烏特勒支。

除了「醫院」身分外，醫院騎士團還有非常具軍事意味的「騎士團」身分。跟聖殿騎士團一樣，他們肩負起保衛耶路撒冷的任務，同時也會參與十字軍的軍事行動。醫院騎士團的作戰能力在十字軍裡是數一數二的，在第三次十字軍東征時，十字軍最大敵人薩拉丁曾向將士表示，任何人如果能夠成功捉到醫院騎士團的士兵，會額外得到賞金。能夠得到敵人如此認證，便可以看到醫院騎士團並非徒具虛名。

✧醫院騎士團的組織架構

醫院騎士團團長（Master）是由弟兄騎士（Brother Knights）組成的委員會所選出，任期終身。在他之下的第二把交椅，則是大司令（Grand Commander），負責騎士團日常行政、物資和武器補給。將軍（Marshal）負責所有軍事和紀律行為。其他高層還有：實際負責統率騎士和僱傭兵的軍官（Constable）、指揮海軍的海軍司令（Admiral）、負責馬匹的騎士大師（Master Esquire）、旗手（Gonfanonier）和為數不少並負責管理騎士團城堡的堡主（Castellans）。

同時，騎士團不只有軍官職位，也有一些高層人員屬非軍事性質。例如，最具宗教性質的修會領袖（Conventual Prior）、醫院院長（Hospitaller）和財務官（Treasurer）。在這些人之下的，便是實際執行騎士團一切日常行政的中層人員，他們打理一切關於騎士團弟兄的事務，包括處理衣服到舉行葬禮。

十二世紀的醫院騎士團成員主要來自法國，也有一些成員來自波希米亞和匈牙利。在當時，騎士團的入團條件並不算高，只要對修道和軍旅合一生活有興趣的年輕人，都能夠加入騎士團。不過，雖然沒有明文規定，但犯過罪的、欠債的，或曾經是其他騎士團成員的人都無法加入。

一個世紀之後的醫院騎士團就不是那麼容易加入了。這時大部分能夠加入騎士團的人，都必須擁有貴族身分。原因是只有貴族才擁有一定財力，可以購買昂貴的鎧甲和武器，在後來又發展到只有身為騎士後代的人才可以加入。

◇醫院騎士團的特質

醫院騎士團的弟兄在日常生活中只准穿黑袍或披風，上面印著一個白色八角十字架，成為了他們最顯眼的標誌。十三世紀時，醫院騎士團在戰場上則開始穿著猩紅色外衣。

作為騎士團成員，他們必須過著虔誠、純潔、服從、相對貧苦的生活，以及與其他成員共同進食和睡覺，因此他們之間都會相稱「弟兄」。一般來說，新加入的成員還不能稱為「弟兄」，他們需要接受為期數年的訓練才能成為騎士團的「弟兄」。醫院騎士團另外一個特別之處是，他們不太重視教育，以致後來成員大多數都是沒有什麼知識的文盲。如同其他騎士團一樣，團內不只有騎士成員，還有一些地位較低的成員，他們基本上沒有任何軍事責任，純粹作為牧師宣道而已。

為維持醫院騎士團的運作，他們最主要的收入來源是在歐洲各地設立哨兵站，確保擁有穩定的資金、物資和人力來源。除了依靠新成員的資金和其他捐獻，騎士團還依靠在領地上種植橄欖樹和甘蔗賺取金錢。而且，任何商旅若要經過他們控制的地區，都必須支付過路費。

醫院騎士團相對其他騎士團是比較人道的。他們比較少在戰勝後大肆掠奪和販賣奴隸。相反地，他們依靠武力、接受捐贈和接收廢棄土地，在歐洲和近東取得大量土地來經營農莊、修道院、市集、麵包店、工房和旅館，因此他們相比其他騎士團來說，並不算太富有。

✧ 十字軍東征

醫院騎士團與十字軍有著密不可分的關係。一一八七年，耶路撒冷重新落入穆斯林手中，隨即引發了第三次十字軍東征，醫院騎士團把根據地遷至阿卡（Acre）。作為聖地保護者，他們被委託駐守近東眾多城堡，來防衛當地海陸的重要幹道。他們在最高峰時期控制著二十五座城堡，形成了嚴密的防守網絡。

由於第三次十字軍東征沒有什麼實際成果，於是歐洲人在一二〇二年又組建了第四次十字軍東征，醫院騎士團也是當中的主要參與者。不過，這次十字軍東征也是不成氣候的，東方諸多十字軍國家相繼滅亡，阿卡城也在一二九一年淪陷。雖說如此，醫院騎士團仍然擁有極高評價，因為他們在阿卡陷落前順利把居民遷至賽普勒斯島，並以當地作為新據點。此後，醫院騎士團仍然主動參與很多對抗鄂圖曼帝國的軍事行動。例如，他們在一三四四年曾助一些十字軍國家奪取了土耳其城市伊茲密爾（Izmir），並進攻埃及的亞歷山卓。

不過，醫院騎士團也不是常勝之師。他們在一三七六年至一三八一年間入侵伊庇魯斯專制國（Despotate of Epiros）時遭遇慘敗，也曾在一三九六年發生的最後一次十字軍東征失敗而回。雖然如此，醫院騎士團在多次戰敗後仍然堅實地存在。

✧ 遷往羅得島

因為缺乏肥沃的土地和理想的港口，賽普勒斯島並非一個理想據點。因此，醫院騎士團把目光放到了附近的羅得島（Rhodes）。羅得島是拜占庭帝國領土，醫院騎士團在一三〇九年成功將之占領，並隨即建立了在當時地中海來說最嚴密的防禦機制。

由於醫院騎士團現在以一個海島為據點，因此騎士團開始側重於海軍發展，島上許多原居民成了醫院騎士團海上艦隊的划船手。此後兩個世紀，羅得島成為基督教世界在東地中海對抗鄂圖曼帝國的最後堡壘，是東地中海穆斯林船隻的夢魘。到此時醫院騎士團也漸漸被改稱為羅得島騎士團。

✧ 與拜占庭帝國的關係

醫院騎士團與拜占庭帝國有著密切關係，而且他們擁有左右帝國政局的影響力。醫院騎士團在拜占庭帝國首都君士坦丁堡擁有一個哨站，曾在十二世紀時被帝國皇帝曼努埃爾一世（Manuel I）僱用。而在十四世紀時，他們又幫助約翰五世（John V）重奪帝位，與其後繼者曼努埃爾三世（Manuel III）保持良好關係。拜占庭帝國在十四世紀末分崩離析，為減少統治成本，帝國在一三九七年把位於希臘伯羅奔尼撒半島的科林斯賣給了醫院騎士團。作為回報，醫院騎士團

一八四四年時，位於羅得島、醫院騎士團團長的宮殿。
（圖片來源：維基百科）

在拜占庭帝國對抗鄂圖曼帝國入侵的軍事行動上表現活躍。不過，科林斯很快便被土耳其人攻占了。

信奉東正教的拜占庭帝國和信奉天主教的歐洲本身關係並不好。當看到醫院騎士團與拜占庭帝國有如此密切的關係後，騎士團開始受到教廷和歐洲君主不斷抨擊，並開始懷疑是否應繼續承認騎士團的獨立性。他們的指控包括：醫院騎士團開始變得奢華、對待俘虜太嚴苛、太輕易讓低下階層晉升至騎士階級，以及作為地中海海盜的保護者。當然，這些指控大多是表面的，真正原因是他們垂涎醫院騎士團的財富。不過，指控醫院騎士團是海盜保護者也並非無中生有。他們經常在控制的海域上攻擊任何船隻，使圍繞羅得島附近海域變成了連續不斷的海上戰場。

受到嚴厲批評的醫院騎士團並非唯一，當時另外兩大騎士團，條頓騎士團和聖殿騎士團也有相似遭遇。在中世紀後期，這種因為十字軍東征而產生的獨立軍事組織，也在十字軍東征的熱誠減退和消失下逐漸被時代遺棄，其中聖殿騎士團更被消滅。教廷和歐洲眾多君主開始認為這種獨立於封建國家的軍事組織，是非常巨大的威脅。

✧再遷往馬爾他

十六世紀鄂圖曼帝國崛起，不斷派兵攻打醫院騎士團。一五二二年，鄂圖曼帝國蘇丹蘇萊曼大帝（Suleiman the Magnificent）攻擊羅得島。經過六個月的抵抗後，醫院騎士團決定棄守，並帶同追隨他們的人離開，在往後七年漂泊游離。一五三〇年時，神聖羅馬帝國皇帝查理五世把一座位於西西里附近的海島馬爾他（Malta）送給了醫院騎士團，從此他們以當地為基地。儘管一五六五年時蘇萊曼大帝嘗試攻打馬爾他，醫院騎士團還是成功抵住了入侵。

這時的醫院騎士團不再被稱為羅得島騎士團了，現在他們被稱為馬爾他騎士團。

✧醫院騎士團的變革

十六世紀時，在北非也可以找到醫院騎士團的足跡，他們曾在那裡對抗摩爾人，但當時醫院騎士團早已衰落。衰落原因在哪呢？還記得醫院騎士團成立目的嗎？一是設立醫院治療傷者和病人，二是建立軍事力量保衛聖地。這兩點在十六世紀時的歐洲已經不合時宜，十字軍東征熱誠也早已逝去，再沒有太多人願意因為宗教原因加入騎士團，騎士團也的確失去了明確目標。因此，騎士團逐漸變成儉財、裙帶關係和揮霍的溫床，後來更被捲入伊比利半島諸基督教王國的紛爭中。

如同其他中世紀騎士團一樣，他們需要改革了。

作為中世紀舊時代的產物，醫院騎士團因為占據羅得島和馬爾他島與世隔絕，因此避開了歐洲大陸翻地覆地的變化。不過，他們最後還是不能因此獨善其身。一七九八年，法國將領拿破崙在前往埃及途中占領了馬爾他，醫院騎士團在馬爾他的統治結束了，被解除了軍事武裝。一八一四年，拿破崙戰敗，馬爾他在巴黎和約規定下成為了英國領土，醫院騎士團則失去了自中世紀以來得到的獨立性，變成附屬於教廷的騎士團，直到一九六一年才重新被教廷承認其宗教和主權地位。

時至今日，醫院騎士團已改稱馬爾他騎士團，而且不再擁有領土主權，但他們仍有印製護照，在聯合國下是個「準國家」組織。不過，今天的醫院騎士團總算回歸了成立時的初衷，提供醫療服務給予傷者和病人。今天在世界各地執行救護工作的聖約翰救傷隊（St John Ambulance），其實就是源自醫院騎士團。他們在一八八八年成立於英國，所有曾源於醫院騎士團的組織，組成了今天在世界各地提供醫療服務的聖約翰救傷隊。

✧ 聖殿騎士團的誕生

如前文所說一〇九六年第一次十字軍東征後，十字軍從穆斯林手中奪取了以色列、黎巴嫩及敘利亞等廣大土地，建立了十字軍國家耶路撒冷王國。可是，基督教聖地耶路撒冷並沒有因為十字軍的存在而變得安全，不少基督徒朝聖者在旅途中屢被穆斯林襲擊。一一二〇年，一班自願以保衛聖地耶路撒冷為己身重任的西歐騎士，以傳說中所羅門聖殿（Temple of Solomon）所在地的聖殿山作為根據地，成立了「聖殿騎士團」(Knights Templar)。

聖殿騎士團全名是「基督與所羅門聖殿的貧苦騎士團」（The Poor Knights of Christ and the Temple of Solomon），「貧苦」二字意指騎士團一切運作都由自願性質的捐助支持。他們的口號是「神的旨意」（God wills it）。初期這些騎士非常貧苦，直到一一二五年因為一位法國香檳伯爵雨果（Hugh）的支持下，財政狀況才得以改善。雨果是一名法國貴族地主，他為幫助聖殿騎士團取得歐洲權貴和財閥支持。

一一二九年，聖殿騎士團在法國特魯瓦（Troyes）的一次宗教會議中正式成立為一個軍事修會。同年，他們就展開第一次軍事行動，加入攻打穆斯林控制的大馬士革的十字軍。然而，這場戰役卻落得慘敗收場，轟動整個基督教世界。這次軍事行動的失敗並沒有讓聖殿騎士團失去支持，反而他們的英勇犧牲得到更多人尊重。此後騎士團更獲得羅馬天主教教會的官方承認，從此直接隸屬教會。一一三九年，教皇英諾森二世（Innocent II）宣布承認聖殿騎士團的同時，也保證聖殿騎士團所有財產、戰利品都能得到教廷的保護，並享有免稅特權。

✧聖殿騎士團的宿敵——薩拉丁

十二世紀中葉的聖殿騎士團已是廣為人知的精銳軍事力量。法國國王路易七世甚至曾聘請他們訓練自己的十字軍軍隊。聖殿騎士團作為聖地耶路撒冷的保

聖殿騎士團在同一匹馬上騎著兩人，代表他們是「貧苦」的徽章。

（圖片來源：維基百科）

衛者，他們利用收來的捐獻在當地建立了不少防衛用的大型城堡，並且長期有約三百名聖殿騎士和一千名隨從居住在耶路撒冷，成為耶路撒冷王國最主要、也最精銳的軍事力量——至少他們自己是這麼認為的。

然而，他們對尊嚴和榮耀的執著，卻很多時候讓他們在戰爭中白白犧牲。在沒有得到上級明確指令下，聖殿騎士面對困境時寧死也不撤退或投降。他們這份視死如歸的使命感，為聖殿騎士團帶來極高聲譽。他們嚴明的紀律也使他們具備極高作戰能力，在很多場與穆斯林的戰役中都能取得勝利，直到宿敵薩拉丁的出現。

薩拉丁是敘利亞阿尤布王朝（Ayyubid Dynasty）的建立者，他的目標是把基督徒趕出伊斯蘭教聖地。而此舉的第一步，就是出兵攻打巴勒斯坦。首先，耶路撒冷王國國王鮑德溫四世（Baldwin IV）在聖殿騎士團協助下，第一次擊退了薩拉丁的軍隊。薩拉丁被惹怒了，於是在一一七九年的雅各淺灘戰役（Battle of Jacob's Ford）中擊敗了聖殿騎士團，並連同團長在內俘虜了八十名聖殿騎士。由於聖殿騎士團拒絕支付贖金，薩拉丁於是下令處決了這批俘虜，並把團長囚禁至死。

聖殿騎士團經歷這次失敗後，明白他們沒法子阻止薩拉丁進軍。一一八七年，寡不敵眾的聖殿騎士團再一次於拿撒勒戰役（Battle of Nazareth）和哈丁戰役

（Battle of Hattin）中敗給穆斯林軍隊。聖殿騎士在薩拉丁的圍攻下幾乎全軍覆滅。薩拉丁戰勝後占領了耶路撒冷，囚禁了耶路撒冷國王居伊（Guy），耶路撒冷王國滅亡。

✧衰亡的聖殿騎士團

耶路撒冷陷落，加上失去大片位於巴勒斯坦和黎巴嫩的城市，聖殿騎士團的存在價值因此受到了質疑。但話雖如此，聖殿騎士團仍得到許多歐洲貴族支持，使他們能夠迅速重整旗鼓。一一九一年的第三次十字軍東征是由英國國王「獅心王」理查統率，他與聖殿騎士團有著良好關係，甚至曾慷慨地把賽普勒斯島送給聖殿騎士團。聖殿騎士團後來因不擅管理而歸還了賽普勒斯，並把總部定在當時剛征服的阿卡城。

十三世紀初的聖殿騎士團在幾任團長英明領導下，慢慢恢復了昔日作為耶路撒冷保衛者的光輝和名譽。一二二九年第六次十字軍東征由神聖羅馬帝國皇帝腓特烈二世帶領，他與埃及蘇丹簽訂和約，耶路撒冷再一次回到了基督徒手中。不同的是，十字軍必須允許穆斯林到耶路撒冷的阿克薩清真寺（Al Aqsa Mosque）朝拜。

阿克薩清真寺跟基督徒認為的所羅門聖殿位處同一個地方，因此引起聖殿騎士團極大不滿。他們渴望能把總部遷回所羅門聖殿，但這份和約卻令他們願望落空。至此，聖殿騎士團除了將不滿歸咎於穆斯林，甚至還把矛頭直指歐洲另一支騎士團——醫院騎士團。

儘管聖殿騎士團的名聲仍然響亮，但衰敗之勢也逐漸浮現。一二四一年，聖殿騎士團加入波蘭—日耳曼聯軍，與另外兩大騎士團條頓騎士團和醫院騎士團共同對抗蒙古帝國的拔都西征。然而參戰的聖殿騎士團與聯軍一樣，在跟蒙古軍對陣的列格尼卡戰役（Battle of Legnica）中潰敗下來。一二四三年，聖殿騎士團短暫回到了耶路撒冷。但一年後埃及馬穆魯克王朝（Mamluk Dynasty）攻陷耶路撒冷，聖殿騎士團在拿福比戰役中（Battle of La Forbie）全軍覆沒，團長首級被展示於開羅的城門上。聖殿騎士團再一次無法保衛耶路撒冷，前景堪虞。

正當一切都塵埃落定之際，東方再次出現了無法預料的危機：蒙古旭烈兀西征。蒙古大軍從東亞橫掃西亞，他們於一二五八年幾乎消滅了所有在中東的伊斯蘭勢力。他們征服了阿拔斯王朝（Abbasid Caliphate），毀滅了其首都暨伊斯蘭文化中心巴格達，並殘殺最後一任伊斯蘭哈里發。蒙古軍進而占領敘利亞和巴勒斯坦，最後在一場與埃及馬穆魯克王朝慘烈的艾恩扎魯特戰役（Battle of Ain Jalut）中戰敗並停止向西擴張。此次戰役後使馬穆魯克王朝聲威大振，幾年後征服了許多十字軍的占領地，其中包括聖殿騎士團總部所在的阿卡城。大部分聖殿騎士在保衛阿卡城的戰役中戰死，只剩下少數及時逃走。一二九一年，復辟耶路撒冷王國再度滅亡，從此十字軍勢力再也沒法收復耶路撒冷。

✧聖殿騎士團的悲慘命運

隨著十字軍東征結束，以及聖地耶路撒冷陷落，聖殿騎士團的存在在很多人眼中變得多餘。他們積累了極大財富，歐洲君主無不妒忌和覬覦。一三一二年，法國國王腓力四世（Philip IV）威脅教宗克雷芒五世（Clement V）解散騎士團，沒收其財產，更以企圖謀反罪名搜捕各地的聖殿騎士。聖殿騎士團最後一任團長雅克・德・莫萊（Jacques de Molay）被處刑，死前詛咒腓力四世和克雷芒五世一年內將接受永恆審判。巧合的是，克雷芒五世在雅克被處死一個月後病逝，腓力四世也在半年後的一次狩獵中落馬身亡。其他倖存的聖殿騎士從此隱姓埋名，聖殿騎士團正式消失於歷史舞台，他們所擁有的財富也隨之下落不明，至今仍無法解釋。

聖殿騎士團悲慘的命運和消失的財富使他們更神祕、更富傳奇，成為了後來眾多文學和藝術作品的題材。他們作為基督教聖地耶路撒冷最前線保衛者，贏得了榮譽和尊重，並在穆斯林與基督徒的紛爭中扮演了極重要的角色。他們那份保衛聖地、保護朝聖者的使命感和精神，也許可以從一一三九年教宗英諾森二世對他們的讚賞中窺探一二：「有多少人能在異教徒的血裡把手獻給上帝，在戰鬥的汗水背後，他們將得到勝利應有的報酬——永恆的生命！」

聖殿騎士團最後一任團長雅克．德．莫萊。
（圖片來源：維基百科）

◇條頓騎士團的成立

條頓騎士團成立的理念同樣很崇高無私。一一八九年，十字軍圍攻穆斯林控制下的阿卡，一些日耳曼商人在那裡建立了醫療隊伍，照顧因戰爭受傷的士兵和平民。不久後，十字軍成功攻陷阿卡，這支醫療隊伍便在當地找了一所醫院作為根據地，並命名為「聖母醫院」，繼續進行義務救助工作。

羅馬教廷很讚賞他們的工作，給予他們正式承認並轉為軍事修會，好作為保護聖地的力量，稱之為條頓騎士團（Teutonic Order）。他們最大特徵是白色長袍和黑色十字架，這可是後來建立的普魯士王國和德意志帝國所承繼的顏色！

由於阿卡是戰爭前線的橋頭堡，條頓騎士團與其他鎮守聖地的騎士團一樣，在當地修築了很多要塞，建立了扎根當地的力量。雖然騎士團主要任務是保護十字軍占領的聖地免受穆斯林侵襲，但各騎士團之間難免會為利益而彼此競爭。那時候，條頓騎士團聯合了醫院騎士團，與他們主要對手聖殿騎士團相互爭鬥。這些明爭暗鬥造成了十字軍的內部損耗。

就在一二九一年，阿卡重新陷落於穆斯林手中，這些曾經彼此競爭的騎士團此後各走各路，而條頓騎士團，便把目光放回歐洲。

◇在匈牙利扎根的南柯一夢

其實在阿卡陷落之前，條頓騎士團曾經有過在歐洲土地上落地生根的機會。話說騎士團成立不久後，他們收到了來自匈牙利國王安德烈二世（Andrew II）邀請，進入王國一處名叫貝爾新蘭（Burzenland）的地方。貝爾新蘭是個山區，裡頭住著很多非匈牙利民族，而且住著很多土匪。安德烈二世希望條頓騎士團能夠幫助他控制貝爾新蘭的進出口，達到樹立權威的效果。

安德烈二世答應讓條頓騎士團的自主性不受匈牙利當局干預，卻不允許他們在貝爾新蘭修築城堡，原因是他不希望條頓騎士團在當地建立政治影響力。不過，騎士團卻無視他這個規定，擅自在當地築起城堡來。

雖然騎士團違反了與安德烈二世的協議，但由於他們剿匪有功，安德烈二世只好容許騎士團占有部分他們征服的土地，作為獎勵。但隨著信奉天主教的條頓騎士團在當地的勢力逐漸成形，一些信奉東正教的匈牙利地方領主卻開始感到愈來愈不滿，最後引發叛亂。安德烈二世只好毫不留情地把條頓騎士團趕出匈牙利。

條頓騎士團失去了一次在歐洲扎根的機會，但這次失敗的教訓卻使他們在日後成功建立更強大的王國。

✧在波羅的地區的征服

在匈牙利的失利，條頓騎士團把目光轉移到波羅的地區（Baltic Region）。當時，波蘭馬佐夫舍公爵康拉德一世（Konrad I, High Duke of Masovia）正向普魯士地區擴張，與異教徒普魯士人作戰。不過，康拉德一世卻被倒打一耙，敵人一度接近他的居所普洛克城堡（Plock Castle）。

受到普魯士人威脅的康拉德一世，終於在一二六六年邀請條頓騎士團介入為他解圍。騎士團汲取了在匈牙利失敗的教訓，事前先要求康拉德一世割讓位於戰事前線、名叫庫爾姆（Kulm）的土地給他們。礙於情勢危急而康拉德一世爽快答應了。於是，條頓騎士團終於在歐洲取得了屬於他們的土地。

條頓騎士團在庫爾姆建立據點後，普魯士人的噩夢便開始了。騎士團把他們的野心放在征服普魯士地區，透過對普魯士地區政治操作、軍事行動、散播恐怖和外交孤立等等，最終花了五十年成功消滅了普魯士人的政權，直接統治了普魯士地區，建立由騎士團統治的「條頓騎士團國」（State of the Teutonic Order），當時普魯士人幾乎被騎士團滅絕。這種行為，實在與他們當初成立的目的和理念背道而馳。

在東歐地區建立了條頓騎士團國後，他們便逐漸把重心從阿卡搬到這裡。當初的理念，至此已經完全消失。騎士團繼續透過各種手段擴張勢力，除了傳統以武力征服周邊地區外，還以金錢購買土地。後來騎士團吞併立陶宛的寶劍騎士團（Brothers of the Sword），接收了屬於他們的土地。

✧騎士團的衰落與滅亡

十四世紀時，條頓騎士團達到了他們的歷史顛峰。他們基本上控制了波羅的地區的出海口，財富也因此快速增加，他們的軍事擴張更給波蘭人和立陶宛人帶來了威脅。一四〇八年，位在立陶宛的薩莫吉希亞地區（Samogitia）起義反抗條頓騎士團統治，波蘭和立陶宛迅速支援該地。雖然條頓騎士團在這場戰爭中的損失只是被迫從薩莫吉希亞和多布任（Dobrzyń）地區撤離，但他們的軍事實力卻因此受到極大打擊。

元氣大傷的條頓騎士團無論在權威或財政上都大幅被削弱。面對波蘭的持續推進，本來臣服於條頓騎士團的領主紛紛倒戈。直至發生十三年戰爭（Thirteen Years'

War, 1454-1466）後，條頓騎士團被徹底打敗，失去極多土地，只剩東普魯士還在其手裡，騎士團團長更成為波蘭的傀儡。而且，這支本是純日耳曼血統的騎士團，從此被迫接受波蘭人加入。

一五二五年，受到宗教改革的影響下，團長普魯士的阿爾布雷希特（Albert of Prussia）改信路德宗，宣布條頓騎士團國世俗化為普魯士公國（Duchy of Prussia），並臣服於波蘭下。此時條頓騎士團土地已所剩無幾，一些土地後來陸續被其他國家占據，財產也被充公。一八〇九年，席捲歐洲的拿破崙宣布解散條頓騎士團。

✧ 騎士團的結構和特質

中世紀的條頓騎士團組織結構與其他騎士團大同小異。大團長（Grand Master）是騎士團的最高指揮，核心管理層由管理眾多領地的代表和騎士團幹部組成。但騎士團的核心管理層在封建制度流行的中世紀歐洲裡，組成方法卻有民主元素。首先，一名騎士團成員會被提名為競選領導人，然後他會選出另外一名競選委員，接著這兩名騎士又再會選出第三名委員，以此類推直到十三名委員全被選出。這十三名委員為騎士團全體成員的代表，然後團長經由這十三名委員選出。

一般來說，中世紀騎士團是由騎士階級組成，本身有一定的貴族地位。不過，條頓騎士團卻有些不同。在他們成立初期的十二世紀，其大部分成員只是僕人階級，社會地位與農奴分別不大。不過，隨著條頓騎士團的日益壯大，成員的社會地位迅速提升，他們會被聘為封建領主的騎士，成為封建制度下的貴族階級，這情況在當時社會階級極不流動的中世紀是相當罕見的，但在條頓騎士團崛起期間卻相當常見。到了十四世紀時，騎士團成員已經全是貴族，再無以僕人為身分的人了。社會地位已經等同其他騎士團的條頓騎士團，往後更會接納一些外來騎士加入。

除了騎士團的正式成員外，每位正式成員都會有一名稱為「半弟兄」（Halbbrüder）的同伴。這些「半弟兄」不穿白色長袍，而是穿灰色長袍以茲識別。在打仗時，他們會充當重步兵；在平時，他們則會進行耕種工作。「半弟兄」不需遵守正式成員必須嚴守的宗教規條，代表他們可以結婚。

那麼，騎士團打仗時的軍隊是由什麼人組成呢？事實上，單靠正式成員和「半弟兄」打仗，數目是遠不足以成為一支軍隊的。條頓騎士團的中堅力量，其實來自被征服的普魯士人。這些普魯士人不被認可為騎士團一員，他們是作為軍事力量聽從騎士團指揮打仗。除了普魯士人外，騎士團也會僱用傭兵作戰。隨著征戰愈來愈頻繁，僱用傭兵次數也愈多，導致了騎士團不得不在領地徵收重稅。

除了徵稅外，騎士團還有三種收入來源。第一種是貿易，由於他們控制了波羅的地區，控制了當地的貿易路線，貿易成為他們主要收入來源之一。第二種是殖民，他們會在一些征服了卻未開發的地區建立城市，來達到擴大經濟的效果。最後一種是製造業，騎士團會出產商品如馬匹、羽毛、大麥、水果和鹽。不過，這些商品不允許自由買賣，買賣皆要由騎士團嚴格安排和控制。

最後，條頓騎士團還有個有趣的軍事特性。波羅的地區位於歐洲北部，在冬天經常出現暴風雪，在夏天則經常出現河水氾濫。因此，若要在這樣多變的地區作戰，補給線便變得非常重要。要確保補給線完整，最有效的辦法便是軍隊推進同時建立大量要塞，補給便不會受到天氣多變影響。因此，當條頓騎士團征服普魯士和其他地區時，會在已征服的土地上修築許多要塞，形成了條頓騎士團國領土裡極多要塞的現象。

✧ 在奧地利重生

事實上條頓騎士團直到今天依舊存在。拿破崙戰爭後，條頓騎士團餘下的成員以奧地利蒂羅爾（Tyrol）為大本營。奧地利帝國皇帝法蘭茲一世（Franz I）在首都維也納重組了條頓騎士團，並賦予其團長「大公」的稱號。不過，此時條頓騎士團已經不再是個軍事組織，他們被限制只能進行慈善和救助活動，回歸初衷。一八七一年，教宗庇護九世（Pius IX）為騎士團設立了新的宗教規條，從此條頓騎士團便正式變為純宗教組織了。

PART

3

那些年站C位的歷史人物

歷史上最美麗的公主歷史學家、一生嫁過數個丈夫的十字軍王后、號稱法蘭西人祖先的部落首領，還有死因成謎的童話國王。

那些年站在風頭浪尖的人物都在這裡！

散盡家財為故土：重振國威的奧地利女大公

「就算要我賣掉裙子，我也不願失去西里西亞。」

這是奧地利女大公、匈牙利女王和波希米亞女王瑪利亞·特蕾莎（Maria Theresia）於一七五六年決定對北方普魯士王國宣戰時的豪情壯語。這時的奧地利，已經與她初即位時迥然不同。如果要概括地描述這位傳奇女大公的一生，恐怕只有這句話最能反映她的剛毅，又能表現她一生對改革奧地利的那份執著。

一七一七年，沒有一個奧地利人意識到一位新時代的女政治家誕生了。瑪利亞生於奧地利維也納，身上流著的是尊貴的哈布斯堡家族王室血統。她的父親是當時神聖羅馬帝國皇帝查理六世，這時的哈布斯堡家族早已壟斷了神聖羅馬帝國帝位。這位年輕漂亮的公主在童年時已與青梅竹馬的洛林公爵法蘭茲·史蒂芬（Franz Stefan）雙雙墜入愛河。

在現今維也納霍夫堡宮（Hofburg）旁的約瑟夫廣場（Josefsplatz），有一座始建於十四世紀的古老天主教教堂，名叫聖奧古斯丁教堂（Augustinerkirche）。哈布斯堡家族代代成員都曾在這裡受洗和舉行婚禮。瑪利亞也不例外，一七三六年，十八歲的她在這裡舉行了婚禮，與法蘭茲共結連理，結成一對至死不渝的夫妻，而她的傳奇就在這刻開始。

年輕的瑪利亞・特蕾莎。

（圖片來源：維基百科）

✧從天真爛漫的小公主，變成君臨天下的女王

當時的瑪利亞，只是一個王室小公主，她也許沒想到家族的重擔將於不久後落在她細小的肩膀上。查理六世晚年仍沒有子嗣，而哈布斯堡王朝的王冠從來只傳男不傳女。為了解決王位繼承問題，查理六世頒布了《國事遺詔》（*Pragmatic Sanction*），明言如果在他臨終前還沒有誕下男性子嗣，那麼瑪利亞將成為整個哈布

斯堡王朝的繼承人。

一七四〇年，也就是瑪利亞大婚後的四年，查理六世因食物中毒突然離世。只有二十三歲的瑪利亞，在命運巨輪轉動下，登上了哈布斯堡王朝的最高權位，同時繼承了奧地利、匈牙利和波希米亞王位，成為哈布斯堡家族歷史上首位也是唯一一位女王。

然而，她的女性身分，隨即使她陷入了統治危機。查理六世駕崩後，歐洲列強旋即對奧地利的領土虎視眈眈，其中普魯士王國國王（瑪利亞一生的宿敵）腓特烈大王（Friedrich II）對富庶的西里西亞覬覦已久。查理六世在《國事遺詔》明言，他的長女瑪利亞將成為他的繼承者。而由於女性不能繼承神聖羅馬帝國皇位，因此卡爾六世有意將皇位傳給瑪利亞的丈夫法蘭茲。

不過，包括歐洲強國法、普在內的反哈布斯堡家族陣營，連同神聖羅馬帝

普魯士王國的腓特烈大王。

（圖片來源：維基百科）

國具選帝侯資格的巴伐利亞、薩克森等國，都宣布不承認《國事遺詔》，轉而擁立巴伐利亞維特爾斯巴赫家族（House of Wittelsbacher）的查理七世為神聖羅馬帝國皇帝。戰爭硝煙徐徐燃起，為時八年的奧地利王位繼承戰爭終於爆發。

✧馬背上的女王，我將誓死保護國家的子民

在維也納，有一所西班牙騎術學校，歷代哈布斯堡家族成員都會在這裡練習騎術，瑪利亞也不例外。只是她沒有想到，她在這裡學到的騎術，將是她面對逆境時的一大奇蹟。年輕的瑪利亞還沒有統治廣大帝國的熟練手腕，在面對強敵的侵襲，她只好放手一搏。她沿著多瑙河乘船到訪匈牙利首都——布拉提斯拉瓦（Bratislava，今天斯洛伐克的首都）。匈牙利雖然受到哈布斯堡家族統治，但卻是一個獨立王國，有自己的國會和政府機構。如果沒有國會許可，哈布斯堡家族根本無法動用匈牙利軍隊。

匈牙利自古已是馬背上的民族。為了取得匈牙利人民的支持，瑪利亞加冕為匈牙利女王後，在隨後的慶祝表演裡做出了驚人的舉動。她在中心廣場上騎著馬，人馬並立揮著利劍。眾人目光都突然被這位女王吸引。瑪利亞在西班牙騎術學校苦練

的騎術大派用場，向匈牙利人民展現了精湛騎術，拿著手中劍，向天立誓：「我將誓死保護國家子民。」匈牙利人民看到此情此景，瞬間被女王的英姿迷住了。瑪利亞贏得了匈牙利人的愛戴和支持，在隨後的國會會議中，瑪利亞再一次發表了激動人心的演講。最後，匈牙利國會決定參加奧地利王位繼承戰爭。

✧ 失去西里西亞，讓我使國家富強起來

儘管富庶的西里西亞最後還是落入普魯士王國手中，瑪利亞的奮戰最終贏得了各國對其王位的承認，以及成功把丈夫推上了神聖羅馬帝國帝位，是為法蘭茲一世。瑪利亞在戰爭結束後，著手改革奧地利，並暗自許下諾言，她要在不久的將來重奪失去的西里西亞。

哈布斯堡王朝是一個多民族帝國。帝國軍隊士兵擁有不同服裝、武器和作戰風格。瑪利亞認識到要使軍隊戰鬥力增強，就必須消弭不同民族在軍隊的差異，建立統一編制，這樣的軍隊才會軍紀嚴明、作戰力強。於是，她建立了奧地利第一支統一編制的常備軍，透過設立「軍稅」支撐所需軍費。這麼一來軍隊不再是各有特色的雜牌軍，或是從各地徵召而來的僱傭兵，從此奧地利有了第一支現代化軍隊。

軍隊之後，瑪利亞還要面對兩個大的統治難題，但卻處理得游刃有餘。第一個難題是貴族。奧地利是個多民族國家，沿用的是中世紀封建制度，國家內由很多小國組成，這些小國互不統屬。哈布斯堡家族為了統治平穩，給予這些貴族很多特權。然而，貴族只服從當地統治者，瑪利亞的政令往往無法在地方上實行，稅收也因此不穩定。大量財富集中在地方貴族手中，平民被嚴重壓榨。說白一點，這些地方貴族和統治者，是「土皇帝」。

要確保稅收穩定並有效建立一個中央集權的國家，是奧地利變得富強的前提。瑪利亞決定在中央政府之下，設立地方政府，在地方政府之下，又設立了很多市政府。政府官員由中央政府直接委派到地方貴族的領地並參與行政，這種直接向政府架構負責的行政模式，目的就是要從貴族手中奪回權力，這麼一來，國家的稅收就變得穩定，國家政令也能迅速有效地傳遞和實行。

另外一個難題，是教會在帝國的影響力。奧地利的教會，成立於西班牙哈布斯堡王朝，與哈布斯堡家族關係密切。教會把持了國家整個教育體系，包括審核書刊書籍的權力。這種做法限制很多理性和科學知識書籍的出版，無疑是窒礙了現代教育的發展。瑪利亞設立了政府審核機構，收回教會的審核書籍權。從此，大量理性和科學知識的書籍在帝國內不斷出版，並翻譯成多種語言。瑪利亞利用中央集權，將自由知識從國家裡解放了出來。

下一步，就是要提高國民普遍的教育水平。她下了一道對於奧地利來說是劃時代的政策：強行實施義務教育。雖然義務教育制度是強制性的，但奧地利作為一個多民族國家，瑪利亞也不強迫國民使用官方語言德語來學習，而允許國民以自己的母語學習知識。這麼一來，語言就不再是奧地利人民學習新知識的障礙。維也納因此漸漸成為歐洲知識交流頻繁的一流城市。

維也納成為了文化知識之都後，吸引了歐洲不少人慕名前來。其中交響樂之父海頓（Haydn）是其中之一。海頓經常與匈牙利貴族共事，有一次瑪利亞聽過他表演後，非常欣賞他的才華，於是在維也納大力鼓勵音樂發展。我們熟悉的音樂神童莫扎特（Mozart），正是瑪利亞親自發掘出來的。漸漸地，維也納得到了世界音樂之都的美譽。

經過一連串的軍事、政制和教育改革，奧地利變得愈來愈富強，躋身歐洲一流國家之列，與英、法、普等國並駕齊驅。

◇我也是個女生，我也愛漂亮

位於奧地利維也納的美泉宮（Schloss Schönbrunn），是哈布斯堡家族的行宮。在瑪利亞大婚時，她的父親把這座行宮送給了她作為嫁妝。瑪利亞是個愛美的人，她接掌了美泉宮後，便進行大規模翻修。她把美泉宮向橫擴建，使宮殿寬了很多，竣工時共有一千七百七十一間房間。花園呈現了英式和法式鋪排，裡面種了各式各樣的花朵，彷彿是一片七彩地毯。在美泉宮內，是瑪利亞最喜愛的洛可可風格，而每一個房間也有著不同特色，有波希米亞風格的，也有中國風格的，我們從而知道當時的瑪利亞品味。瑪利亞花了十七年時間，把美泉宮修建成歐洲最宏偉的宮殿之一。她臨終前，叮囑子女不要改動美泉宮，可見她對美泉宮的喜愛。

在因斯布魯克（Innsbruck）的宮殿，是過往哈布斯堡家族奠基人馬克西米利安一世（Maximilian I）的統治核心。瑪利亞在此引入了自己喜愛的洛可可風格和波希米亞風格。如果我們到奧地利旅遊參觀當地的宮殿，都可以目睹瑪利亞時代的建築風格，到處都是洛可可風格的建築物。

✧ 我的丈夫法蘭茲·史蒂芬

瑪利亞一生中最重要的人是她的丈夫，法蘭茲·史蒂芬。他原是洛林公爵，從小便與瑪利亞相戀。法蘭茲事無大小，都尊重妻子意願，在他成為神聖羅馬帝國皇帝後也沒有改變，全心全意支持妻子。奧地利王位繼承戰爭結束後，他成為神聖羅馬帝國皇帝，不僅使瑪利亞得到了王位合法性，也讓瑪利亞得到統治整個哈布斯堡帝國的權威。可以說，當時奧地利得以成為歐洲強國的基礎，就是他們夫妻二人相輔相成才能夠達成。為表達對妻子的愛慕，他決定在自己的姓前加上妻子的姓，家族的姓變成了「哈布斯堡—洛林」，他們的後代也以此為姓。奧地利哈布斯堡王朝從此成了哈布斯堡—洛林王朝。

在美泉宮內有一所建於一七五四年的動物園，是現今最古老的動物園。這

瑪利亞的丈夫，法蘭茲·史蒂芬。

（圖片來源：維基百科）

所動物園正是法蘭茲一手建立。法蘭茲對自然科學很感興趣，他在世界各地搜羅了各種動物放置在動物園裡，讓人們觀賞。動物園裡有一座小亭閣，裡面掛著各式各樣動物的繪畫。他在學術研究的範圍很廣，上通天文，下知地理，研究所帶來的經濟效益，是哈布斯堡家族資金來源的重要部分。法蘭茲與其說是一位統治者，不如說他是位學者還比較貼切。

法蘭茲在第三次西里西亞戰爭結束後因心臟病發逝世。瑪利亞為他在美泉宮的一間房間內，以中國黑漆牆板作為裝潢，房間內掛著法蘭茲肖像畫，紀念她最愛的丈夫。一七八〇年，瑪利亞逝世，她的遺體與丈夫合葬在王宮附近的一所教堂內，這間教堂雖然並不宏偉，但卻是十七世紀起哈布斯堡家族成員的墓室。瑪利亞的墓棺之上，放置著與丈夫對望的雕像。如果我們細心欣賞這座雕像，就能夠體會到瑪利亞與法蘭茲二十九年的那份夫妻緣分，至死不渝。

✧ 我為奧地利留下了一個現代化基石

奧地利改革後變得愈來愈富強，剩下的就是選任賢能。瑪利亞不論出身、不論老幼，凡有才能的人都提拔重用。當一切都準備好時，奧地利從普魯士手中奪回西里西亞再也不是空想。瑪利亞接納了由法蘭茲提拔的大臣馮．考尼茨（Von Kaunitz）建議，聯合東方的俄國和西方的老對手法國，成立三方聯盟共同壓制日益強大的普魯士王國。一七五六年，戰爭爆發，一打就打了七年，非常慘烈，各國都變得滿目瘡痍。然而，瑪利亞付出了極大代價，還是無法奪回西里西亞，也許這是她一生中最大的遺憾。

瑪利亞登基後的一連串改革，使奧地利正式摒棄中世紀遺留下來的落後制度，發展成一個現代化國家，為奧地利日後成為歐洲列強奠下了牢固基礎。她的兒子約瑟夫二世（Josef II）繼承王位後，實行「開明專制」，繼續一系列改革，這些改革亦因此能夠順利進行並成功。哈布斯堡家族自失去西班牙和廣大殖民地後，在歐洲統治日漸衰落時，是瑪利亞又再一次讓哈布斯堡家族重新振作起來。

從統治者到史學家：拜占庭紫袍公主傳奇

✧ 紫袍公主

一〇八三年，拜占庭帝國首都君士坦丁堡的皇宮裡，一名女嬰誕生了。她出生的地方是個紫色大理石房間，在中世紀裡，紫色是極為珍貴的顏料，是最尊貴的代名詞。因此，這位小公主一誕生，便擁有了整個帝國最尊貴的血統和地位——紫袍公主。她的名字是安娜・科穆寧娜（Anna Komnene）。

安娜是拜占庭帝國的新生王朝科穆寧王朝成員，是帝國皇帝阿歷克塞一世（Alexios I Komnenos）的大女兒。她的身分不容小覷，是當時兩大軍事貴族——科穆寧家族和杜卡斯家族（House of Doukai）聯姻的後代。阿歷克塞一世是這兩個家族同盟後被推上帝位的，而安娜這麼尊貴的血統，她必定在帝國裡有極大的影響力。

作為當時最尊貴的紫袍公主，安娜從小便在君士坦丁堡接受最優質的教育。長大後，她慢慢展露勇敢堅毅的一面，而且經常舉辦文學沙龍（Literary Salon），跟許多知識分子討論修辭、哲學和科學。在這個建構的學術圈子裡，知識分子為帝國留下了許多文章和歷史紀錄，這些文獻成為了十一、十二世紀這段時期的學者留給後世的寶貴遺產。

安娜既然身為學術圈子的一員，也不例外地為後世留下了一部重要歷史著作：《阿歷克塞傳》（*Alexiad*）。她在這部著作中寫下了她尊敬的父親阿歷克塞一世和鄙視的弟弟約翰二世（John II Komnenos）統治時期發生的事情，是現今研究十一世紀拜占庭帝國的重要史料。

安娜的父親，阿歷克塞一世。

（圖片來源：維基百科）

◇ 立志要當個統治者

不過，安娜最初的目標，並不是要當史學家，而是要當統治者。拜占庭帝國皇宮的那間布滿紫色大理石的新生嬰兒室，賦予了所有在這裡誕生的嬰兒一個極為罕有的身分，名為「紫袍貴族」。在拜占庭帝國裡，紫袍貴族是最尊貴、最有地位的貴族。這種尊貴並非象徵性的，而是有實際特權。紫袍貴族擁有名正言順的帝位繼承權，比長子嫡孫能更優先繼承帝位，這種帝位繼承順序在西歐並不存在。安娜擁有紫袍貴族身分，所以雖然她是公主，卻是拜占庭帝國帝位的前列繼承人。

但是，安娜最終還是沒當成女皇。事實上，因為所做的兩件事，使她在歷史上占有重要席位。第一件事是她曾企圖取代弟弟約翰，讓丈夫君士坦

安娜的弟弟，約翰二世。

（圖片來源：維基百科）

丁・杜卡斯（Konstantinos Doukas）共同繼承帝位。約翰出生於一〇八七年，同樣是個紫袍貴族。本來，阿歷克塞一世指定君士坦丁和安娜作為帝位繼承人，但當約翰出生後，根據傳統（紫袍＋嫡長子），帝位繼承權便轉了給他。而且，約翰長大後，展現了相當高的軍事統帥才能，這種才能在十二世紀動盪中的拜占庭帝國尤為重要。因此，君士坦丁和安娜的帝位繼承機會，已經接近消失了。

一一一八年，阿歷克塞一世病逝，約翰成功抵住了安娜和母親的干預，戴上了父親的帝位指環，在人民認可下登基為拜占庭帝國皇帝，是為約翰二世。安娜並未罷休，她認為自己才是父親的真正傳人，帝國需要的是她而不是約翰。一年後，安娜策劃企圖暗殺約翰，卻失敗被抓。接著，她便被軟禁在萬福瑪利亞修道院（Monastery of the Virgin Kecharitomene）裡，禁止接觸任何政治。

✧ 編寫《阿歷克塞傳》

在軟禁期間，安娜沒有浪費時間。她開始做第二件事，就是編寫一部描寫父親阿歷克塞一世生平的歷史巨著：《阿歷克塞傳》。這部著作巨細靡遺地記下了阿歷克塞少年時期直到病逝前的大小事情，甚至包括阿歷克塞一世在面對諾曼人、土耳其人和佩切涅格人（Pechenegs）入侵時，所表現出的憂愁。對於安娜來說，父親是拜占庭帝國最重要的舵手，他的死不止對安娜，對帝國人民來說也是毀滅性的打擊。因為，接下來，他們開始要忍受「帝位繼承者（指約翰）的愚昧」。

《阿歷克塞傳》的風格既是一部史詩，也是一部軍事史，以古典希臘語編寫。內容並非單純是一位女兒歌頌父親的作品，更是唯一詳細記錄了東西基督教教會及伊斯蘭教首次大規模交流的著作，這種交流在當時是史無前例的，而且導致了巨大衝突和混亂。因為這部著作，安娜到今天還在史學界享負盛名，是第一位以歐洲語言編寫史書的女性，而且也是中世紀

《阿歷克塞傳》的真本。

（圖片來源：維基百科）

唯一一位編寫史書的世俗歐洲女性。

在阿歷克塞一世成為皇帝前，拜占庭帝國便已處於極度水深火熱的境地之中。一〇五〇年起，塞爾柱土耳其人在安那托利亞開始向西擴張，拜占庭帝國在這裡的控制愈來愈薄弱。一〇七一年，拜占庭帝國軍隊在曼齊刻爾特戰役（Battle of Manzikert）中慘敗，當時的皇帝羅曼努斯四世（Romanos IV Diogenes）被俘虜，帶到塞爾柱帝國蘇丹，綽號「英獅」（Heroic Lion）的阿爾普・阿爾斯蘭（Alp Arslan）跟前。

這場決定性的戰役後，安那托利亞局勢極度不穩，內戰隨即爆發。不少拜占庭貴族在這裡爭奪餘下的權力，並僱用土耳其傭兵作戰。這些傭兵以土地和城市作為報酬，拜占庭貴族的內耗最終使帝國幾乎失去了所有在安那托利亞的領土。這就是阿歷克塞一世繼位時的情況。

因此，安娜決定仿效古代希臘學者希羅多德和修昔底德般，把父親力挽狂瀾的事蹟記錄下來，讓後世不會忘記這位皇帝如何耗盡心力為拜占庭帝國解除危機。

✧ 讚美阿歷克塞一世

在《阿歷克塞傳》中，安娜把父親比喻為古代希臘的傳說英雄奧德修斯。這位希臘英雄曾成功帶領人民抵禦了外敵。她的比喻確實非常貼切，奧德修斯是個「兵來將擋，水來土掩」的人，他不崇敬遙遠計畫，只相信在危難來到時的隨機應變。這種主調在《阿歷克塞傳》非常明顯，阿歷克塞一世也有類似特質，綜觀他統治的三十七年裡，他都是在危機來臨時處變不驚地化險為夷。

對後世史學者來說，安娜出生的年代實在恰好不過。十一世紀的拜占庭帝國正經歷前所未有的歷史大洪流。在那個時代，因為阿歷克塞一世向西歐求援，首次打開了十字軍東征的理念。安娜在著作中詳細記錄了年少時親眼目睹的第一次十字軍東征，她看到優雅的君士坦丁堡充斥著許多從沒見過的西歐騎士，他們被拜占庭人稱為拉丁人。這些西歐騎士最初目的是對抗土耳其人，以及奪取聖地耶路撒冷。

安娜這樣形容十字軍：「民眾紛紛逃進我們的帝都裡，這些西歐騎士所到之處就像蝗蟲過境一樣。」最後，十字軍在中東地區建立了數個十字軍政權。安娜對這些人的作戰方式感到好奇，他們使用十字弩，神父會隨軍出征，感覺就像是野蠻人的烏合之眾。

但不是所有十字軍的目的都是如此崇高，有部分參與其中的人心懷不軌。安娜在著作中提到，一支諾曼人的首領安條克的博希蒙德（Bohemond of Antioch）就是其中一個例子。這個人想完成父親遺志，征服拜占庭帝國在巴爾幹半島的領土。安娜形容這個人的手段既骯髒又狡猾，他曲解十字軍捍衛基督教的宗旨，變為打擊非天主教徒，也就是信奉東正教的拜占庭帝國。

博希蒙德最後徹底敗於阿歷克塞一世的軍隊之下，簽下了和約並從此效忠阿歷克塞一世。這場重大勝利成為了安娜讚頌父親的典型例子。不過，因為對父親異常的尊敬，她有意無意在著作中隱藏了父親一些過失。例如，她並沒有提到阿歷克塞

博希蒙德與他的諾曼人士兵。

（圖片來源：維基百科）

一世給西歐法蘭德斯伯爵（Count of Flanders）的信件。信件裡寫道，阿歷克塞一世為了招攬援兵，允許西歐騎士參與拜占庭帝國軍隊來對抗土耳其人。羅馬教廷因為這件事，經常自詡西方教會拯救了東方教會。對於信奉東正教的人來說，這是個恥辱，而且十字軍對東方土地的嚴重破壞和掠奪，都是因為阿歷克塞一世引狼入室的後果。

✧ 留給後世的寶貴遺產

安娜的未婚夫君士坦丁死後，便嫁給了尼基弗魯斯・布林尼烏斯（Nikephoros Bryennios）。尼基弗魯斯也是一位史學家，畢生以法語編寫史書，曾有一說是尼基弗魯斯正在編寫當代拜占庭帝國史，未完成便已逝世。因此，安娜受到他未完作品的啟發而下筆。

在當時，安娜有大量資料供她寫作，而且因為受丈夫影響，安娜經常參考官方資料，這增加了《阿歷克塞傳》的準確性和豐富度，就連帝國的行政和管理制度，也收錄在裡頭。尼基弗魯斯的著作集中在拜占庭貴族的權鬥經過如何讓阿歷克塞一世登上帝位，卻沒有安娜的著作如此細緻。

安娜編寫《阿歷克塞傳》的目的，顯然是要讓後世不要忘記父親的努力和汗水，而且她要讓世人知道父親的偉大。不過，時至今日，《阿歷克塞傳》的作用並非如安娜所預料一樣。今天，史學家比照這部著作及其他可靠史料，就可以知道當時拜占庭菁英企圖向後世隱瞞什麼，從而對他們有更深的了解。而且，安娜在著作中對弟弟約翰二世的描寫，也是頗為偏頗。她把弟弟形容為一個無能和愚昧的統治者，但歷史告訴我們，約翰二世算是科穆寧王朝一個頗有作為的皇帝。

拜占庭帝國不乏女性統治者，但卻從沒出現過如安娜這樣受過高等教育，又有充裕時間和社會地位的女史學家。因為安娜，我們可以從《阿歷克塞傳》了解十一世紀拜占庭帝國的社會面貌、十字軍東征狀況和史無前例的宗教碰撞。對於我們來說，安娜．科穆寧娜生於那個時代，絕對是恰好不過。

非典型貴族千金：十字軍王后埃莉諾

在中世紀歐洲，貴族女性的天職就是出嫁。她們自出生起便會學習各種持家技能，例如刺繡、紡織、唱歌和照顧孩子。不過，在十二世紀的歐洲，卻出現了一位異於常人的貴族女性。這位女性否定了她作為女性在中世紀歐洲社會被賦予的任務，而且更主動地挑起了戰爭，在歐洲地盤上爭奪了一塊由她自己統治的土地。她就是阿奎丹的埃莉諾（Eleanor of Aquitaine）。

✧ 阿奎丹公國的千金

埃莉諾是法國西部最大的公爵領地阿奎丹公國的統治者，威廉十世（William X）的長女。雖然生為女兒身，她的父親卻沒有因此讓她只成為其他人眼中的普通貴族女性。威廉十世除了讓女兒學習各種持家技能外，還要女兒學習歷史、算術、拉丁文、騎術和狩獵等等，這些都是中世紀歐洲統治者應有的知識和技能。此外，埃莉諾從小便經常在祖父威廉九世的庭園裡長大，受到音樂和詩歌的薰陶，還因此墮入了中世紀歐洲獨有的宮廷愛情。這種成長的環境，使埃莉諾漸漸養成活潑、聰慧、自信和倔強的性格，讓她在不久將來成為當時歐洲最強悍的阿奎丹公國的女繼承人。

埃莉諾母親和她唯一的兄長在一一三〇年先後去世，使她順理成章成為阿奎丹公國唯一的繼承人。阿奎丹公國是法國境內其中一個較強大的公國，支配的屬地甚至比法王能夠實際控制的領土還要大。因此，阿奎丹公國的繼承人埃莉諾，便成為各國爭相聯姻的對象，因為只要能迎娶埃莉諾，便能合法取得阿奎丹公國的統治權。一一三七年，威廉十世前往耶路撒冷朝聖，把當時還十五歲的埃莉諾交給波爾多大主教代管。然而，這趟離別竟然是永訣。威廉十世在回程途中染上急病逝世，十五歲的埃莉諾旋即繼承了阿奎丹公國。

不過，對於年紀輕輕的埃莉諾來說，手握強大的阿奎丹公國並非好事，尤其是當時歐洲很多追求權力的貴族公侯都在覬覦埃莉諾手中這塊肥肉。埃莉諾的父親很早便知道這個危機，因此早在埃莉諾成為繼承人時，便把女兒託付給法王路易六世

（Louis VI）。威廉十世希望路易六世在埃莉諾找到一個合適的丈夫前，能夠代為管治阿奎丹。不過，路易六世也是個有野心的人，當埃莉諾繼承爵位後，他認為機會來了。雖然路易六世已經年老而且臥病在床，但他還是不放過這個可以讓法國王室強大起來的機會。路易六世認為埃莉諾年輕貌美且知書識禮，更擁有著阿奎丹這塊富饒之地，讓她來當兒子路易的妻子最適合不過了。因此，他迅速安排埃莉諾跟兒子結婚，使阿奎丹歸入法國王室的控制之下。

路易六世死後，路易繼位為路易七世，埃莉諾也就成為了法國王后。不過，因為從小便被培養成一位統治者，埃莉諾不甘於當一個安靜且服從丈夫的王后。路易七世雖然是一個虔誠溫厚的人，卻非一個擅長統治的人。埃莉諾比她的丈夫更有能力，更適合成為王國的統治者。在她的強勢下，軟弱的路易七世只能對她唯唯諾諾、事事遷就。儘管路易七世經常為此感到迷失，他的母親也非

埃莉諾的第一任丈夫路易七世。

（圖片來源：維基百科）

常不喜歡不肯安份守己的埃莉諾，但他還是相當寵愛埃莉諾。

✧參與十字軍東征

中世紀的歐洲基本上就是打來打去，戰爭頻繁。面對一些政治上的爭拗，埃莉諾並不怕以戰爭解決。例如說，埃莉諾妹妹彼得羅內拉（Petronella）雖然早已嫁給英格蘭國王布盧瓦的史蒂芬（Stephen of Blois），卻跟韋爾芒杜瓦（Vermandois）伯爵拉烏爾一世（Raoul I）有染而起了爭端。雖然理虧，埃莉諾卻說服丈夫與史蒂芬開戰。最後，路易七世在戰事中放火燒了維提鎮（Town of Vitry），城中人民因恐懼而躲入一間教堂，但教堂接著同樣被放火燒毀，在內躲藏的人無一倖存。這次戰爭使仁厚的路易七世面臨情緒崩潰，他充滿愧疚，腦裡經常聽到那些死者的慘叫聲。

因此，路易七世極需要離開法國到聖地朝聖，來洗刷這份罪疚感。而這個機會也在不久後出現。教宗尤金三世（Eugene III）呼籲路易七世統領第二次十字軍東征，保護位於聖地的十字軍國家耶路撒冷王國。路易七世答應了，埃莉諾也準備同行。

當然，埃莉諾並非單純跟隨，她熱衷十字軍東征的程度比丈夫還高。一一四五年，十九歲的她從侍婢中挑選了三百名女子，充作自己的十字軍部隊。埃莉諾向教廷聲稱這支隊伍的主要職責是擔任十字軍救護人員，但這顯然不是她真正心思，她不甘於讓路易七世的軍隊獨自作戰。埃莉諾與丈夫分開行事，她的部隊成員穿戴著盔甲和武器，準備投入作戰。路上有三百名女性騎馬行軍，這在中世紀歐洲是件非常突兀的事，自然惹來不少的非議。不過，強悍的埃莉諾並沒有理會這些流言蜚語。當她的部隊順利抵達拜占庭帝國首都君士坦丁堡後，許多人對她刮目相看，有些人更拿她跟古希臘神話中慓悍善戰、只有女性的亞馬遜人（Amazones）的女王來比較。

但不幸的是，十字軍並沒有想像中那麼順利。拜占庭帝國皇帝曾跟法國軍隊說，十字軍在日耳曼國王康拉德三世（Conrad III）的帶領下，連番擊敗土耳其人，但當他們繼續前往耶路撒冷時，卻發現這只是一句謊言。康拉德三世的軍隊沒有取得勝利，而且在土耳其人攻擊下，他的軍隊幾乎全軍覆沒。就這樣，法國軍隊只好跟僅存的日耳曼軍隊合流，前往安條克公國（Dutchy of Antioch）——由埃莉諾的叔叔統治的十字軍國家。

不過，土耳其人早已盯上他們。埃莉諾的臣子若弗魯瓦（Geoffrey de Rancon）

帶領著先鋒部隊愈走愈快，但軍隊的後勤輜重卻跟不上，整支軍隊就斷開了。土耳其人看準機會殺入，十字軍傷亡慘重。因為若弗魯瓦的誤判，埃莉諾被指責需為這次損失負上責任。也因為如此，路易七世與埃莉諾之間開始產生了芥蒂。

✧ 埃莉諾跟路易的婚姻關係破裂

當十字軍終於成功進入安條克後，埃莉諾跟他的叔叔普瓦捷的拉蒙（Raymond of Poitiers）非常契合，而且因為他們年紀相差不大，拉蒙又是個美男子，所以他跟埃莉諾之間的緋聞不斷，逐漸引起路易七世猜忌。後來，拉蒙與路易七世在作戰策略有分歧。拉蒙認為軍隊必須先奪取埃德薩（Edessa），穩住十字軍在聖地的控制權，但路易七世卻認為軍隊只需要集中前往耶路撒冷即可。事實上，路易七世沒有什麼軍事才能，拉蒙的建議才是正確的。埃莉諾了解這點，因此同意拉蒙的主張，但路易七世卻認為這是因為他倆有染！

自己王后不支持自己，路易七世終於再也忍耐不住了。他變成了另一個人，向來順從王后的他這次強硬起來了。他命令埃莉諾必須聽從他的作戰策略，但埃莉諾豈會就範？一怒之下，她說跟路易七世的婚姻，本來就因為血緣太近而有問題，這問題成為他們雙方離婚的導火線。路易七世強迫埃莉諾跟他一同離開安條克，這讓生來就想當統治者的埃莉諾愈發不滿。事實證明，路易七世進攻大馬士革失敗，導致這次十字軍東征無功而返。路易七世和埃莉諾二人各自乘坐不同船隻返回法國。

埃莉諾能夠忍受一個軟弱的丈夫，卻無法跟一個猜疑的人相處，他們之間的關係愈來愈差。路易七世雖然與埃莉諾育有很多孩子，但無一個是男孩，這讓路易七世決心要離開埃莉諾。一一五二年，路易七世跟埃莉諾離婚，他父親精心安排的這樁婚事，為的就是吞併阿奎丹，現在

普瓦捷的拉蒙正在歡迎路易七世進入安條克。

（圖片來源：維基百科）

功虧一簣了。同時，埃莉諾變回單身後，她重新成為歐洲最炙手可熱的女子——美麗動人、知書識禮的阿奎丹女公爵。

✧ 埃莉諾的第二段婚姻

埃莉諾跟路易七世離婚後，她再次成為歐洲炙手可熱的婚配對象，埃莉諾也知道自己一定會再婚。但是，她不再是個當年那個不諳世事的小女孩，她決意要自己選擇結婚對象。位處法國北部的諾曼第公爵亨利正是適當人選，他同時是英格蘭王位的未來繼承人。埃莉諾知道，他日後會是個大人物，於是便跟亨利打好了關係。亨利也不是蠢材，他知道埃莉諾和阿奎丹公國，是可以讓自己壯大的好機會。於是，他很快便找埃莉諾見面，在埃莉諾跟前夫路易七世離婚九個月後，她就跟亨利結婚了。

這樁婚事絕對是強大的。一一五四年，亨利繼承英格蘭王位，稱為亨利二世（Henry II），並將他統治的土地跟埃莉諾的土地結合起來，建立了一個強大的王國，範圍廣至英格蘭、諾曼第和整個法國西部。亨利二世在法國實際控制的範圍，比法王路易七世的還要大得多。

一幅十四世紀描繪亨利二世和埃莉諾的油畫。
（圖片來源：維基百科）

不過，這不代表亨利二世和埃莉諾的婚姻幸福美滿。他們同樣是有野心的人，而且同樣都是強悍的人。亨利二世身為嫡長子，一出生便注定是個統治者。與路易七世相比，他的脾氣可暴躁多了。因為這樣，他經常跟埃莉諾發生爭執，而且一吵起來往往一發不可收拾。埃莉諾比他年長十一歲，清楚知道自己的價值，所以她也不打算完全服從這位控制欲強的新丈夫。儘管亨利二世跟埃莉諾的關係不是很好，但他們還是生下了五個兒子和三個女兒。

✧ 發兵造反

長期的婚姻問題最容易衍生婚外情。亨利二世開始傳出有很多情婦，而他跟情婦「世界的玫瑰」羅莎門德·克利弗德（Rosamund Clifford）的關係最讓埃莉諾無法容忍。於是，埃莉諾帶著自己幾個孩子離開英格蘭，返回娘家阿奎丹公國。她已經厭倦跟暴躁和不忠的丈夫相處，只想獨自統治阿奎丹。隨她同行的幾個孩子中，長子理查是其中一位，被埃莉諾選擇來當繼承人。

埃莉諾幾個兒子同樣無法忍受父親的暴戾。他們其中一個兒子「幼王」亨利受到母親鼓勵而離家出走，跟他的兄弟理查和若弗魯瓦來到阿奎丹。在幾個兒子鼓動下，埃莉諾決定造反，試圖起兵推翻亨利二世。不過，世事哪有這麼順利？這次造反失敗了，一生風雲的埃莉諾從此成為階下囚，這一關便是十六年。

對於埃莉諾來說，囚禁還不是最可怕的。最令她難受的，是囚禁使她與兒子們愈來愈疏遠。此時的埃莉諾已經五十歲，失去希望和權力。在被囚的日子裡，她時常許願，期盼有一天會重獲自由。

✧成為王國攝政，一展長才

也許上帝真的聽到她的禱告。亨利二世在一一八九年逝世，長子理查繼承英格蘭王位，是為理查一世（Richard I），他就是著名的「獅心王」理查（Richard the Lionheart）。雖然理查一世跟母親埃莉諾已經比從前疏遠不少，但他甫登基的第一件事，便是釋放自己母親。埃莉諾獲釋後，這位天生的統治者終於得到了統治的機會。理查一世對十字軍東征有極大熱誠，是第三次十字軍東征的主要人物。他帶兵前往東方時，埃莉諾成為攝政，替兒子理查一世打理英格蘭。

理查一世所以能無後顧之憂在東方打仗，全賴埃莉諾的能幹。她為兒子保衛了國土，而且當後來理查一世被抓時，她也成功穿針引線解救了兒子。英格蘭人民逐漸認可埃莉諾的統治才能，她也愈來愈出名，儘管現在的埃莉諾已不再在乎別人的看法。

年老並沒有讓埃莉諾停下她的步伐。她仍然在歐洲四處奔走，為兒子們尋找強而有力的結婚對象，延續這個他們統治的帝國。當埃莉諾已七十歲時，她還越過庇里牛斯山為理查一世尋找合適的結婚對象，足跡遍布阿爾卑斯山。埃莉諾很長壽，當她大半兒子都相繼去世時，她還好好活著直到最年幼的兒子「無地王」約翰（John the Lackland）登基成為英王。

埃莉諾在她最後的日子裡，住在一所位於豐特夫羅（Fontevraud）的修道院，成為了一名修女。一二〇四年，八十二歲的埃莉諾辭世，葬在自己最欣賞的兒子理查一世墓旁。雖然英格蘭在她死後不久便永遠丟失了諾曼第公國，但其他曾隸屬她的領地仍然有一段很長時間忠於英格蘭。雖然在早年，埃莉諾的愛情故事讓她備受批評，但中年後她卻成功證明自己是個富有才幹、智慧和行動力的統治者。難怪一群在埃莉諾晚年跟她一起生活過的修女，在她們的紀錄中如此描述埃莉諾：「埃莉諾已經超越了世上所有王后。」

焦土黑太子：令法國人聞風喪膽的愛德華

✧ 天生的戰士

十四世紀時的英格蘭，是金雀花王朝統治時期。當時在位的英王愛德華三世（Edward III）是英格蘭歷史上最著名的國王之一。在他統治期間，英格蘭曾發生很多大事件，包括英法百年戰爭拉開序幕、嘉德騎士團的創立和黑死病的爆發。不過，本文要談的主角並不是他，而是跟他同名的兒子：「黑太子」愛德華（Edward the Black Prince）。

根據愛德華三世開創的做法，愛德華被授予「威爾斯親王」稱號，意味著他正式成為王位繼承人。愛德華一生都奉獻給了戰場，而他正是英法百年戰爭前半部的主要人物。他之所以被稱為「黑太子」，傳言是因為戰場上的他總是穿著黑色盔甲，是他個人獨有特徵。但實際上，這是法國人對他的形容，他在法國人眼中聲名狼藉，是個在戰場上冷酷殘忍，視人命如草芥的惡魔。

愛德華出生於一三三〇年，從小便被父親栽培成一位戰士。常言道，虎父無犬子，既然愛德華三世如此英明，兒子在他的影響下也能盡顯才能。在中世紀歐洲，一個懂得馳騁沙場的王子是最理想的國王人選，愛德華三世自然很希望這個兒子能在軍事上大放異彩。因此，當愛德華還只是個七歲孩童時，便已擁有一套屬於自己的盔甲，早有隨時出征的心理準備。

✧ 英法百年戰爭爆發

當然，對於一個小孩來說，走進真實戰場還不適合。但就在一三四六年那年，機會終於來到愛德華身上。這年是英法百年戰爭拉開序幕的一年，愛德華當時十六歲。同年七月，愛德華三世帶領軍隊成功渡過英倫海峽，到達法國拉烏蓋（La Hogue）。次日，他正式冊封兒子為騎士，示意他的軍事生涯正式開始。愛德華等這天很久了，受封後的他隨即組建了屬於自己的騎士隊伍，並領著先鋒部隊向法國北部的諾曼第挺進。英軍到達了索姆河（River Somme）附近，與法國國王腓力六世（Philip VI）帶領的軍隊狹路相逢，兩軍在附近的一處村莊爆發了衝突。英軍人數只有一萬兩千人左右，不到法軍的一半。

英格蘭長弓手是很難纏的。他們在背後不斷射箭到敵軍陣營，持續騷擾對方。法軍按捺不住，衝向英軍陣營。年輕的愛德華在此刻嶄露頭角，站在軍隊中間位置，兩側被其他貴族率領的部隊掩護下，帶著部隊與迎來的敵軍作戰，最後成功幹掉對方一名重要將領阿朗松伯爵（Count of Alençon）。雖然愛德華年紀輕輕便如此勇猛，但對他此戰的批評卻接踵而來。有人說，愛德華雖然打倒了對方一員大將，但卻在作戰中弄丟了戰旗。也有人說，愛德華過於個人主義，把自身陷入危險之中，被敵人埃諾伯爵（Count of Hainault）擒住，是他的戰旗手，嘉德騎士理查・菲茨・西蒙爵士（Sir Richard Fitz-

黑太子愛德華被愛德華三世冊封為騎士。

（圖片來源：維基百科）

Simon）將他救出來的，突圍時還要垂下戰旗保護他。戰旗在中世紀歐洲有著非常重要的意義，垂下戰旗在當時被視為嚴重的軍紀違規。

愛德華首戰備受批評，戰報傳回愛德華三世手裡，說他作戰失利，要求援兵。不過，愛德華三世卻十分信任這個親手培育的兒子，為此他說了一句著名的話：「讓這孩子贏取屬於他的馬刺。」不過，身為父親的他最後還是派了二十個騎士前去支援愛德華。當他們來到了愛德華身處的地方時，才發現愛德華跟士兵們，正倚仗著盾牌和劍休息，剛成功抵住了法軍的攻擊。這一役，便是黑太子愛德華的成名初戰：克雷西之戰（Battle of Crécy）。

經此一役後，愛德華名聲大振。他在克雷西之戰中殺死了支援法國的波希米亞國王約翰一世（John I）。相傳他為紀念此事，在個人徽章上擅自加了三根羽毛。他這個做法，成為了後來歷代威爾斯親王冠徽中的特徵之一。不過，這行為在當時來說卻違反了騎士應有精神。曾經有史官記載，當愛德華三世知道此事後，找來兒子，然後問他究竟是為了什麼而戰。黑太子愛德華當時一言不發，露出慚愧的神情。不過，這可能只是史官為他洗白的說法，因為如果他真會為自己的行為而慚愧，那就解釋不了他後來的處事作風了。

✧ 溫奇爾西之戰

克雷西之戰後，英法兩國雙方簽了停火協定，不久後在黑死病爆發下，戰事要到一三五〇年夏天才重新開始。本來，愛德華三世想把女兒喬安（Joan of England）嫁去卡斯提亞王國，與其建立同盟，好達成包圍法國的效果。可天不從人願，喬安卻死於瘟疫，聯姻計畫最終無法達成。法國卻以此事來一記順水推舟，反過來引導卡斯提亞王國派遣艦隊前往英倫海峽襲擾英格蘭船隻。

一三五〇年夏天，英格蘭艦隊於三明治（Sandwich）集結，不久後在溫奇爾西（Winchelsea）與卡斯提亞艦隊打了起來，愛德華三世和黑太子親自在這場戰役中上陣。與其說這是一場海戰，不如說這是一場「登陸戰」。英軍船隻主動衝擊卡斯提亞船隻，與之碰撞後便一湧而上登上卡斯提亞船隻作戰。愛德華三世成功奪取了一艘卡斯提亞船隻，而黑太子奮勇作戰後船隻沉沒，最後被弟弟約翰救起。結果，卡斯提亞艦隊損失慘重，他們在黎明時撤退，部分士兵被英軍俘虜。

溫奇爾西之戰後，父子倆的戰功就在朝野傳了開來，眾人包括王家在內，都為此戰勝利津津樂道。次年，愛德華三世開始自稱「海洋之王」，黑太子愛德華在溫奇爾西之戰後的聲譽也更上一層樓。不過，這對他來說只是個開始，因為接下來的數十年，他還會不斷為自己累積名聲，但在戰場上的冷酷殘忍同時也讓自己變成了法國人的夢魘和厭惡對象。

一三五〇年中，英法兩國的停火協定已到達尾聲。黑太子愛德華被賦予絕對的軍事指揮權，自此統治由英格蘭控制的法國地區加斯科涅（Gascony）。至於他為什麼會成為法國人的夢魘和厭惡對象呢？這全因他在法國的作戰策略，一場我稱之為「焦土侵略」（Chevauchée）的軍事行動。顧名思義，為了削弱敵人的軍事實力和補給點，己方快速攻擊、掠奪和燒毀敵方的村落和城鎮，並屠殺當地人民。這種戰術顯然不是愛德華三世的主意，而是黑太子擬定的作戰策略。因為他大幅使用這種策略，「焦土侵略」在英法百年戰爭中成為了家常便飯。也正因為此，法國人漸漸萌生了早於其他地方的愛國心，和開始建立命運共同體的概念。

✧ 可怕的黑王子

一三五五年，愛德華準備妥當後，他的目標是加斯科涅旁的雅文邑伯國（Count of Armagnac）。雅文邑是法國貴族約翰五世伯爵的領地，他被法國國王約翰二世委派擔任對抗英軍的前線。愛德華帶兵進入雅文邑後便兵分三路，攜帶著可移動的橋梁建築，以迅雷不及掩耳的速度橫掃了整個地區，一路上燒殺搶掠，破壞雅文邑所有建築。

接著，愛德華向南方推進，來到了朗格多克（Languedoc），然後到達他這次出征的最南點納博訥（Narbonne），此時他已經能夠看到地中海。當然，這些他經過的地方，無一不成為焦土，跟地獄委實沒什麼分別。然而，法國南部人民下場最悲慘，他們因為一直死守不降，愛德華攻破這個地區後施行了報復，屠殺大量平民，遇害者不論男女老幼。後來，因為無法順利攻破當地城堡，愛德華才決定於同年十一月回到大本營，一路上沒太遇到法國軍隊阻擋。這是因為愛德華的名字已使法國人聞風喪膽，喪失了作戰意志，他們會故意避開愛德華的軍隊。

據說，處於亞維儂教廷的教宗也非常擔憂自身的安危，直到十九世紀，愛德華對當地破壞的痕跡仍有跡可循。愛德華綽號「黑太子」，便是來自法國人把他形容為「可怕的黑王子」。直到現在，當地還存在一曲民謠，歌詞說這地方曾經有一個黑色人物，在中世紀帶著軍隊經過這裡。

這次的「焦土侵略」對法國造成了極大打擊。南部是法國的經濟重地，單單這個地區被破壞便使其失去了一半以上的稅收，大大削弱法國抵禦英格蘭入侵的能力。這也是為什麼在英法百年戰爭前半，法國只能一直捱打。愛德華對自己的戰功十分滿意，他曾對溫徹斯特主教說道：「雅文邑的貴族現在變得輕鬆自在，因為在我們來到之前，他們一直受到壓迫。」顯然，愛德華在找理由正當化自己行為，認為這次征服解救了當地貴族，但卻沒提及自己在當地造成的災難。或許對愛德華來說，他心裡的騎士精神只需要展現在貴族階級裡，對於封建制度底層的人民，他半點都不關心。

✧ 普瓦捷大勝

次年，亦即是一三五六年，愛德華展開第二次的「焦土侵略」，他這次的目標是阿奎丹公國（County of Aquitaine）。他向法國北部前進，沿途理所當然燒殺搶掠，來緩和英格蘭在法國北部和中部占領區的軍事壓力。不過，當他來到了圖爾（Tours）後便無法繼續前進，部隊被當地城堡阻擋著。恰巧，他得知法國國王約翰二世正帶著大軍從諾曼第南下圖爾。因為雙方兵力太懸殊，愛德華決定後撤到波爾多（Bordeaux）。約翰二世乘勢展開追擊，在普瓦捷（Poitiers）成功趕上了愛德華的部隊。本來，愛德華知道沒什麼勝算，打算要跟約翰二世談判，表示願意放棄所有搶奪來的物資和戰利品，換取安全後撤的路。約翰二世當然不買賬，此時他的軍隊人數遠在愛德華之上，是個大好機會消滅這個眼中釘。愛德華沒法子，只好與約翰二世的軍隊打一場。當時的形勢是，他的軍隊人數只有六千多人，而法國軍隊卻超過兩萬人。

約翰二世把軍隊分為四支，分別由他自己、王太子、克萊芒男爵和奧爾良公爵率領。雖然擁有人數上的優勢，但面對著英軍擅長的弓箭攻擊，法軍內部起了誤會，王太子的部隊與約翰二世的部隊糾纏起來，陣勢大亂。本來，如果法軍的指揮系統沒出錯，他們是可以輕

在普瓦捷一役後，黑太子愛德華接受約翰二世的投降。
（圖片來源：維基百科）

而易舉消滅愛德華的軍隊，可惜最後事與願違。愛德華看準這個機會，指揮將士衝進混亂的法軍展開攻擊，最後成功以少勝多，在損失不多的情況下分別消滅和俘虜法軍各兩千人。更重要的是，愛德華成功抓獲約翰二世和小兒子腓力。

戰後，約翰二世被帶到愛德華的軍營裡。愛德華在席上讚賞約翰二世貴為國王，他的騎士精神卻超越一般水準，但戰敗成為俘虜的約翰二世根本不會高興。他隨後被帶回英格蘭，作為戰利品般出現在愛德華的倫敦凱旋巡遊中。倫敦人民夾道歡呼，愛德華容光煥發，充滿榮譽感，而曾是尊貴的國王約翰二世如今卻只穿著一件平凡的黑色長袍。另一邊廂，法國人得知國王被俘，朝野上下一片愁雲慘霧，不知方向。英格蘭之後同意釋放約翰二世，但條件是法國要支付一大筆贖金。據說這筆贖金之大，是法國整整兩年稅收。然而，約翰二世最終還是沒能回到法國，他在英格蘭被囚期間逝世。

✧ 回歸黑暗

普瓦捷大勝為黑太子愛德華帶來了前所未有的名聲。他似乎已經擁有足夠資格繼承父親的王位，成為愛德華四世。他如今統治著阿奎丹，並在一三六七年帶兵越過庇里牛斯山進攻西班牙地區的納瓦拉王國，再次取得決定性勝利。不過，就在這次出征後，愛德華的身體卻起了狀況。

愛德華身體抱恙，但卻沒反省這可能是上帝對他的懲罰。一三七〇年，愛德華攻陷法國南部城市利摩日（Limoges），當地人不論是貴族或是平民、老年人或是青年人、男人或是女人，無一不在他面前跪下求饒。但愛德華一貫沒有因為這些人求饒而有所憐憫，他還是鐵了心把他們全數殺掉。因為這次全無必要的屠殺，愛德華的名聲受到極大負面影響，以致後世對他的評價充滿爭議性。

上帝似乎終於看不過去了，祂要收回對愛德華的眷顧。我們知道，歷史上真實的愛德華四世出現在一百多年後的英格蘭內戰（玫瑰戰爭）中，而不是黑太子愛德華。黑太子在一三七六年病逝，終年四十六歲，剛好是他父親駕崩的前一年。這個曾經強大的愛德華王子最終沒能成為英格蘭國王，只留下卓越的戰功和後世的爭議，以及法國人對他的仇恨。

是英雄還是梟雄：西班牙傳奇騎士熙德

在上帝賜與我們的寶物裡，拿走你所喜歡的吧！也請向卡斯提亞傳達這個消息，我們贏了！

——《熙德之歌》

西班牙最古老的史詩《熙德之歌》（*El Cantar de mio Cid*），是著名的騎士文學作品，成文於十三世紀，歌頌一位活在十一世紀、名叫熙德（El Cid）的中世紀騎士。詩中把熙德描寫成西班牙民族英雄，為了捍衛自己國家和基督教，捨命與信奉伊斯蘭教的摩爾人（Moors）決一死戰，並成功守住了重要的基督教城市。《熙德之歌》說，這個偉大英雄背後曾有一段辛酸往事，他因奸人誣害而被放逐，為了挽回名譽，遂以上帝之名，把劍鋒指向了被穆斯林奪走的土地，收復故土，光榮回國。詩中的他擁有高尚情操且驍勇善戰，事蹟成為一代傳奇。然而，究竟真實的熙德是否真的如詩中所說，是個不屈不撓，背負著神聖使命，始終堅守著騎士精神的英雄人物呢？

✧誰是熙德？

首先，讓我們先解答一個問題：十一世紀西班牙的形勢是怎麼回事？

正確一點來說，當時世上不存在「西班牙」這個國家。西班牙是一個地域概念，泛指伊比利半島範圍。而在伊比利半島上，存在著眾多分裂王國。北部是由已滅亡的西哥德王國衍生出來的諸基督教王國，它們分別是卡斯提亞王國（Kingdom of Castile）、萊昂王國（Kingdom of León）、加利西亞王國（Kingdom of Galicia）、納瓦拉王國（Kingdom of Navarra）和阿拉貢王國（Kingdom of Aragon）；南部則由

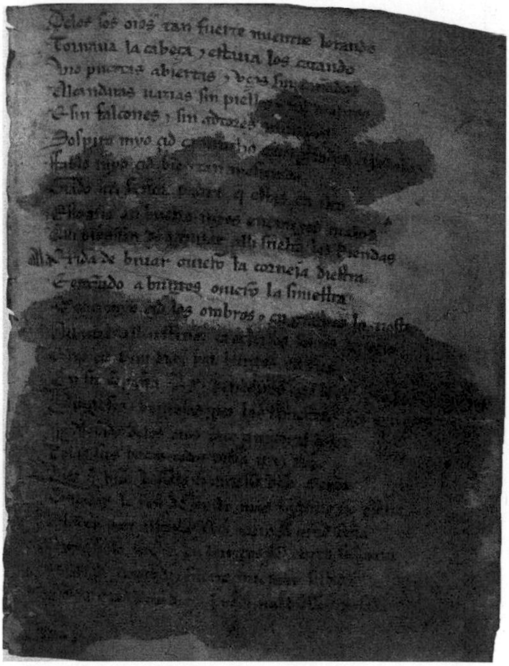

西班牙史詩《熙德之歌》原文本。

（圖片來源：維基百科）

後倭馬亞王朝衍生出來、稱為「泰法」（Taifas）的諸摩爾人王國盤據著，他們稱這片土地為「安達魯斯」（al-Andalus）。摩爾人是歐洲人給居住在伊比利半島的穆斯林的稱呼，並非單一種族。他們來自北非，八世紀後開始從北非渡海來到伊比利半島，入侵當時的西哥德王國。因此，十一世紀的西班牙，是長期處於基督教勢力與伊斯蘭勢力互相對峙的狀態中。

簡介了當時政治環境後，那麼，誰是熙德呢？

其實，「熙德」這個名字是摩爾人給他的稱呼，意思是「殿下」，是摩爾人因他的軍事才能而對他的一種讚美。熙德真名是羅德里戈・迪亞茲・德・維瓦爾（Rodrigo Díaz de Vivar），生於一〇四三年卡斯提亞—萊昂王國維瓦爾（Vivar）一個貴族家庭。青年時代的羅德里戈是國王斐迪南一世（Ferdinand I）兒子桑喬（Sancho）的家臣，並以此身分為斐迪南一世效力。

讓羅德里戈嶄露頭角的機會出現在他二十歲那年。一〇六三年，阿拉貢王國的國王拉米羅一世（Ramiro I）攻打位於東北部的薩拉戈薩泰法王國（Taifa of Zaragoza），桑喬受命率領軍隊前往支援。不過，他的軍隊並非要幫助同為基督徒勢力的阿拉貢軍隊，卻是幫助穆斯林王國薩拉戈薩。這就奇怪了，剛剛不是提到，中世紀的伊比利半島，長期處於基督教勢力與伊斯蘭勢力互相對峙的狀態中嗎？其實，政治沒有那麼單純，這些王國之間敵對與否，絕不純以宗教劃分。基督徒與穆斯林之間，往往存在很多灰色地帶，一言以蔽之便是利益。斐迪南一世所以幫助薩拉戈薩，完全是出於利益考慮，他擔心阿拉貢王國持續的擴張態勢，為了壓制阿拉貢王國，自然傾向幫助處於劣勢的薩拉戈薩王國。

桑喬帶著三百名騎士前往支援薩拉戈薩的埃米爾（即穆斯林統治者）艾哈邁德．阿穆克塔迪爾（Ahmad al-Muqtadir），而羅德里戈便是這支騎士團其中一員。他們成功打敗阿拉貢軍隊，拉米羅一世戰死沙場，桑喬凱旋而歸。因為羅德里戈在戰場上獨自打敗了一個在阿拉貢享負盛名的騎士，成為眾多騎士中最受注目的一個。

兩年後，斐迪南一世逝世，臨終前把王國分給三個兒子桑喬、阿方索（Alfonso）和加西亞（García）。桑喬繼承卡斯提亞王位，是為桑喬二世；阿方索則繼承萊昂王位，是為阿方索六世；加西亞則繼承加利西亞（即今葡萄牙）王位，但他很快便被兩個哥哥聯合攻滅。

作為桑喬二世心腹，羅德里戈現在是卡斯提亞的軍隊指揮官，負責禁衛軍訓練和指揮，從此得到「薩爾瓦多」（El Campeador）的稱號，在當時是指「卓越的戰士」。

但是好景不常。一〇六八年，桑喬二世向阿方索六世發動戰爭，意圖奪取萊昂王國統治權。羅德里戈順理成章成為這次出征的主帥，先後在蘭塔達之戰（Battle of Llantada）和戈爾佩赫拉之戰（Battle of Golpejera）打敗萊昂軍隊，迫使阿方索六世逃亡。四年後，桑喬二世成為卡斯提亞和萊昂唯一的統治者，但卻只是曇花一現，在幾個月後被刺殺身亡。

阿方索六世非常幸運。身為斐迪南一世後代，他自然最有資格繼承王位。於是，不費吹灰之力下，他就反過來取得卡斯提亞王位。因為同時擁有卡斯提亞、萊昂和加利西亞王位，阿方索六世成為伊比利半島勢力最大的君主。那麼，曾經讓阿方索六世那麼狼狽的羅德里戈豈不凶多吉少？出奇地，阿方索六世並沒有趁機除掉他，反而把他留在身邊，還許配自己外甥女給他。雖然羅德里戈現在與王室建立了姻親關係，但他卻不被阿方索六世重用。阿方索六世將他投閒置散，讓他只負責一些無足輕重的行政工作，顯然是給他的懲罰。

✧ 被流放而離開故鄉

一〇七九年，羅德里戈麻煩了。阿方索六世派他前往附庸國，向由摩爾人統治的西維爾泰法王國（Taifa of Seville）索討貢品。本來這只是一趟無聊的差事，誰知羅德里戈卻因此捲入了西維爾和格拉納達（Granada）這兩個摩爾人泰法王國的紛爭中。羅德里戈幫助西維爾打敗了格拉納達，還因此俘虜了幾個在格拉納達的基督徒。這可就糟了，這幾個俘虜裡其中一人是卡斯提亞的大人物——卡西亞．奧多涅斯伯爵（Count García Ordóñez）。他是納瓦拉王國權臣，更是納瓦拉國王桑喬四世（Sandro IV）妹夫。納瓦拉最後需以一大筆贖金贖回奧多涅斯，這樣的羞辱對奧多涅斯和納瓦拉王國來說是絕不能忍受。

羅德里戈試圖為自己失誤辯護，但已無濟於事。因為羅德里戈犯下大錯卻不知悔悟，阿方索六世一氣之下決定把他流放。雖然羅德里戈表示仍然忠於阿方索六世，但最後還是無奈地離開。無家可歸的他，只好向東走，帶著他的侍衛來到了昔日曾接受他相助的薩拉戈薩，以僱傭兵身分為當地的埃米爾服務。

咦？說到這裡，好像不太對勁？記得在《熙德之歌》中，羅德里戈不是個捍衛基督教的騎士嗎?為什麼他甘願為穆斯林效力呢?前文提過,雖然當時的伊比利半島,存在信奉基督教和伊斯蘭教的勢力,但對於他們來說,現實利益比一切更重要。他們不會純粹因為宗教原因,便選擇與另一國敵對。反而,如果大家存在共同利益,縱使宗教不同,合作的可能性還是非常巨大的,這種現象在當時的伊比利半島十分普遍,而且在西歐基督教世界裡是非常獨特的存在。羅德里戈身為當時的人,在如此政治氛圍下,受埃米爾僱用其實正常不過。只是《熙德之歌》把他神化成宗教捍衛者、擁有高尚情操的騎士榜樣而已。

✧ 為薩拉戈薩效力

接下來五年裡,羅德里戈專注擔任薩拉戈薩的僱傭兵。身為一個基督教騎士,要他完全效忠穆斯林統治者當然還是不可能的,他所以為薩拉戈薩效力,完全是出於合作關係。儘管如此,他仍是個非常出色的將領。羅德里戈的治軍方針在當時來說算是相當前衛,他深知士兵打仗不能只靠武力,還需要戰術。因此,他鼓勵將士空閒時大聲讀出古希臘和古羅馬軍事家的著作,讓他們明白戰術運用的重要性。此外,就像現代企業的做法,他不時都會舉辦「集思會」,讓將士大膽提出創新的戰術概念。羅德里戈也很虛懷納諫，不時採納將士提出的新穎戰術。作為一個中世紀貴族，這種尊重封建下層的思想實在是非常異類了。

發生於一〇八一年的阿爾科塞爾圍城戰（Siege of Alcocer）是羅德里戈為摩爾人打的其中一場重要勝仗，他的任務是要為薩拉戈薩奪取同樣是摩爾人統治的阿爾科塞爾。羅德里戈兵力並不多，要贏就只能出奇制勝。他首先在黎明時分攻擊鄰近阿爾科塞爾的卡斯特洪（Castejon）。選擇在黎明時分出擊，是因為這個時候當地住民全都離開了城鎮到田裡耕作，他就可以不費吹灰之力便占領這個地方作為據點，然後把鎮內的牛隻和衣服派給自己將士穿著，造成敵我不分的效果，並在阿爾科塞爾周邊掘起壕溝，使對方無法輕易展開偷襲。

羅德里戈最後以奇招取得阿爾科塞爾。他下令除留下一個完整無缺的帳篷外，把其他全數毀掉。城內人看見此景，好奇打開了城門，前往視察這個剩下的帳篷。殊不知這是個圈套，羅德里戈的軍隊不知從哪處突然出現，直接衝入城內占領了阿爾科塞爾，並殺掉了三百個摩爾人敵軍。

接著在次年，羅德里戈與薩拉戈薩軍隊擊敗了由瓦倫西亞（Valencia）埃米爾、萊里達（Lleida）埃米爾、阿拉貢國王和巴塞隆納伯爵（Count of Barcelona）組成的聯軍。但這個還不算什麼，一〇八四年的一場戰役才是他展露更大光芒的勝仗。當時，桑喬．拉美雷斯（Sancho Ramírez）統一了阿拉貢王國和納瓦拉王國，隨即派兵入侵薩拉戈薩。桑喬非常迅速地占領了阿基達斯（Arquedas）和卡斯特拉（Castella）等城池。

作為回應，羅德里戈選擇迅速攻入阿拉貢範圍並對莫雷利亞（Morella）周邊地區展開破壞。桑喬急急折返，並聯合了其他埃米爾，在厄波羅河（River Ebro）屯兵準備與羅德里戈決一死戰。桑喬向羅德里戈下最後通牒，羅德里戈卻明言無意投降，最後卻成功殲滅了桑喬的聯軍，把同為基督徒的敵人打敗，俘虜了兩千多名阿拉貢和納瓦拉士兵，其中還有十六個是當地重要貴族。

在莫雷利亞之戰中，羅德里戈幫助穆斯林消滅基督教勢力，實在與後世歌頌羅德里戈為西班牙基督教捍衛者的情況大相徑庭。的確，真實的熙德並沒有那麼高尚的情操，他是現實主義者，誰能夠給予他最大報酬，他就願意為誰服務。他所以被譽為基督教捍衛者，是源自一場後來發生的危機，迫使他履行作為基督教騎士的責任。也是因為這件後來發生的事，成為了後世神化和歌頌羅德里戈的最大原因。

那麼，究竟發生什麼事呢？

◇全西班牙的皇帝

阿方索六世自從成為整個伊比利半島最有權勢的君主後，便慢慢產生了雄心壯志。對於南方那些伊斯蘭泰法王國，他開始看不太順眼，想要恢復昔日西哥德王國以來統治的領土。他自詡為對抗摩爾人的基督徒先鋒，以及作為西班牙領土收復計畫的領袖。這位萌生了如此宏大夢想的國王，就在一〇七七年給自己封了個非常自負的稱號：全西班牙的皇帝（Emperor of All Spain）。

這個稱號確實只是個虛名。雖然他稱自己為全西班牙的皇帝，但他的統治範圍卻不到半個西班牙，而且他也沒有使用皇帝稱號的合法依據。要知道，想在歐洲當皇帝，就只能當羅馬帝國的皇帝，與羅馬帝國沒關連的統治者，根本不能稱為皇帝。神聖羅馬帝國和拜占庭帝國統治者需要根據一定法理才能夠使用皇帝稱號，前者靠的是羅馬教宗的加冕，後者則為羅馬帝國的直接繼承者。至於阿方索六世，壓根兒找不到他與羅馬帝國半點關係。

讓我們回到正題。阿方索六世自稱皇帝後，開始向那些泰法附庸國要求增加納貢。這些穆斯林埃米爾在重擔下實在喘不過氣來，走投無路之下只好向同是穆斯林埃米爾、北非摩洛哥的穆拉比特王朝（Almoravid Dynasty）統治者優素福・伊本・塔舒芬（Yusuf ibn Tashfin）求助。穆拉比特王朝跟那些鬆散的泰法王國可完全不同，實力不能同日而語。而且，塔舒芬是柏柏爾人，與居住在伊比利半島的摩爾人算是同宗，這就給了他理由介入伊比利半島的事務。因為這樣，伊比利半島上的基督徒與穆斯林之間的關係變得愈來愈緊張。

✧ 北非的震怒

本來塔舒芬並沒有意思要幫助這些泰法王國。他認為這些人根本不是虔誠的穆斯林，因為他們眼中只有利益，甘願選擇與基督徒合作對付其他穆斯林。而且，這些腐敗的埃米爾只安於享樂，把自己的國家弄得一塌糊塗。不過，直至一〇八五年發生的一件事，才使塔舒芬認真對待伊比利半島上發生的事情。

這一年，阿方索六世的軍隊攻陷了托雷多（Toledo）。托雷多是安達魯斯（穆斯林西班牙）最大城市，也是穆斯林盤據在伊比利半島的重要象徵。其實，托雷多對於西班牙的基督徒來說，也極具象徵意義。托雷多的地位之所以那麼重要，是因為托雷多曾經是西哥德王國首都。對摩爾人來說，奪得這座城市意味著他們征服了西哥德王國，確立他們在伊比利半島的勢力發展。對基督徒來說，奪回托雷多則代表了收復運動的一個重要里程碑。

這是一個重要訊號。摩爾人已經察覺到，卡斯提亞—萊昂王國的目的是要消滅他們，宗教戰爭的爆發將無可避免。同為穆斯林的塔舒芬不可能坐視不理，於是他向穆斯林世界宣布發動對阿方索六世的「聖戰」（Jihad），以捍衛伊斯蘭教。

次年（一〇八六年），塔舒芬帶著四千名柏柏爾人士兵，渡過分隔伊比利半島和北非的直布羅陀海峽，並在巴達霍斯（Badajoz）與安達魯斯的穆斯林軍隊會師，隨即行軍至薩拉卡（Sagrajas）與阿方索六世的軍隊碰頭。阿方索六世兵力只有兩千

薩拉卡之役。

（圖片來源：維基百科）

五百人，很快便被塔舒芬狠狠擊敗，最後只帶著五百名士兵落荒而逃。其後，塔舒芬把陣亡的基督徒敵兵全部斬首，然後將頭顱放在馬車上，在安達魯斯的城市裡作為戰利品巡遊，宣示薩拉卡之役是摩爾人的巨大勝利。

✧ 征服瓦倫西亞

雖然塔舒芬在伊比利半島取得如此重要的勝利，但他無法繼續乘勢推進。因為北非摩洛哥乘他遠征時發生動亂，他需要班師回朝鎮壓。阿方索六世鬆了一口氣，但薩拉卡的敗北卻削弱了他的權威，致使那些泰法王國開始聯合起來反抗他。在這次危機中，阿方索六世想起了羅德里戈，主動向他求助。阿方索六世不僅主動撤銷了他的放逐令，而且為了讓他答應參與這場肩負宗教意義的領土收復運動，他可以在阿方索六世名義下占有征服的土地。就在往後的六年裡，羅德里戈在西班牙東岸建立了一個實際屬於他的領地。

阿方索六世把目光放到了東部的瓦倫西亞。他所以會打瓦倫西亞的主意，是因為他認為這個城市會歡迎一個新的基督教統治者。瓦倫西亞有一半人口是穆薩拉布（Mozarabs），意指在摩爾人統治下並阿拉伯化的基督徒。另一半則是穆斯林，而穆斯林當中又分為支持和反對塔舒芬兩個派別。

羅德里戈奉命進攻瓦倫西亞，經歷了長達一年的圍城戰後，終於在一〇九四年五月攻陷了瓦倫西亞。這次圍城戰並不容易，為了維持物資需要，他的軍隊幾乎剷平了瓦倫西亞周遭的森林，而且鼓譟的士兵洗劫了整座城市。羅德里戈占領瓦倫西亞後，把支持塔舒芬的人全部趕走，並在阿方索六世名義下展開統治。雖然瓦倫西亞名義上屬於阿方索六世，但實際上卻是羅德里戈的私人屬地。

✧ 夸爾特之戰

後來，根據穆斯林世界裁決（Fatwa），塔舒芬現在可以合法吞併安達魯斯的泰法王國，瓦倫西亞便是他占領安達魯斯的戰略要點。如果能成功奪取瓦倫西亞，除了能給予阿方索六世軍事壓力外，還可以壓迫不肯臣服於塔舒芬的薩拉戈薩。於是，一〇九四年八月，塔舒芬派出他的部將阿布·阿卜杜拉·賓·穆罕默德（Abu Abdullah bin Muhammad）帶著兩萬五千名士兵再一次渡過直布羅陀海峽。這次大軍裡有善於攻城的象兵，衝著瓦倫西亞而來。當時羅德里戈的兵力，才只有四千人。

這支穆拉比特軍隊確實一點都不是蓋的，裡頭有一種令人聞風喪膽的兵種：穆拉比特戰士。穆拉比特戰士來自北非不同部落，富有紀律且驍勇善戰。這些戰士雖然來自不同部落，但由於同是信奉伊斯蘭教，在「聖戰」面前，異常團結。他們多是輕騎兵，能夠分散成眾多小隊準確攻擊不同目標。而且，只需要得到搖旗和擊打軍鼓等簡單訊號，他們便能很有效率地執行指令。在當時還沒有先進通訊設備的情況下，他們的應變可說是極度快速的。加上穆拉比特戰士以輕騎兵作為主力，以重騎兵為主力的西班牙騎士明顯失去了優勢。

穆拉比特戰士還有一種針對西班牙軍隊的戰術。他們會誘使敵軍衝入己方長槍步兵部隊，再在後方使用弓箭射倒對方的馬。歐洲軍隊習慣使用以重騎兵當先鋒、步兵緊隨其後的戰術，但騎兵在前方已折損，使西班牙軍隊無法有效進攻。對於羅德里戈來說，對方不像從前遇過的對手，穆罕默德的軍隊才是真正的敵人。

一〇九四年十月四日，穆罕默德來到瓦倫西亞附近的夸爾特（El Cuarte）紮營，準備圍攻瓦倫西亞。在進攻之前，穆罕默德與他的衛隊來到城門前方，要求羅德里戈投降。羅德里戈卻毫無猶豫地拒絕了，因為他心裡另有盤算。

原來，羅德里戈知道穆拉比特軍隊的這次遠征碰巧是伊斯蘭的齋戒月。在齋戒月，穆斯林日出至日落之間必須禁食。穆拉比特士兵禁食一整天後，便會在晚上大量進食補充，這種進食習慣會使他們比平時更嗜睡，也會使他們變得容易疲憊和暴躁。羅德里戈認為齋戒月尾聲，也就是十月十四日之後，會是敵人最脆弱的時候。他需要做的是在這十天成功抵禦對方的猛烈攻擊，隨後發動反攻便能夠取得勝利。

當然，穆罕默德不會讓羅德里戈輕輕鬆鬆度過這十天。他派出象兵推動高達三十尺的攻城器朝著城牆推進。這些龐大的攻城器足夠讓士兵跨越城牆跳入城內。而且，所有攻城器都用獸皮蓋著，防止被火箭摧毀。為保護這些攻城器，穆罕默德還派大量弓箭手、長槍兵和騎兵在瓦倫西亞周圍掩護。瓦倫西亞的守城戰艱苦卓絕。

如此艱苦的守城迎來了第八天，久攻不下的穆罕默德開始焦急起來。他再一次出現在城門前方，大罵羅德里戈，說他竟使用這麼卑鄙的戰術，利用伊斯蘭教傳統作為策略，同時也譴責城內穆斯林竟然配合羅德里戈行動，違背教義自行延遲了齋戒月。羅德里戈當然不會理會穆罕默德的叫罵，他反而被天氣吸引了注意，天空變得陰暗了，一場暴風雨似乎快要降臨。他心裡知道，時機終於來了。

翌日清晨，下著暴雨。羅德里戈派遣一隊重騎兵從西門悄悄走出城外。這支重騎兵配戴的長盾經過改造並用鋼鐵強化。他們肩並肩連成一線慢慢前進，形成一道牢不可破的盾陣。穆拉比特士兵在睡眠不足的情況下被驚醒，瓦倫西亞的重騎兵把稻草丟入攻城器的發動裝置上並放火，使這些攻城器付之一炬。穆拉比特的弓箭手嘗試以弓箭攻擊這些重騎兵，但因為重騎兵的盾陣，弓箭無法傷到他們。

不久後，羅德里戈親率第一隊大軍破門而出，正面攻擊混亂中的敵軍，重點破壞敵方的帳幕和輜重。成功突破對方防線後，羅德里戈的第二隊大軍便出現在敵方的側翼。乘著暴雨，羅德里戈打開了圖里亞河（River Turia）的灌溉堰，因大雨而水流變得急促的河水，隨即淹沒了穆拉比特軍隊的營地。這些穆拉比特士兵在多個方向被羅德里戈的部隊攻擊，潰不成軍，幾近全軍覆沒。

一名基督教編史官曾這麼形容這場戰役：「這場戰事中，羅德里戈以迅雷不及掩耳的速度和最低的傷亡，取得了這場偉大勝利。」而另一位穆斯林編史官則形容：「願真主詛咒他，他竟以少量戰士便殲滅了一支龐大的軍隊。」

✧ 英雄，還是梟雄？

羅德里戈攻占和保衛瓦倫西亞並非出於捍衛基督教的使命感，他只是一個考慮利益的傭傭兵。雖然如此，歐洲眾多王室卻對羅德里戈表示了高度評價。他們認為，夸爾特的大捷澆熄了穆斯林重燃侵略歐洲基督教世界的野心，羅德里戈是偉大的基督教捍衛者。不過，瓦倫西亞真實情況卻不是如此。名義上，阿方索六世的卡斯提亞—萊昂王國雖然得到了瓦倫西亞，但實際上卻沒有控制瓦倫西亞的權力。瓦倫西亞變成了羅德里戈的私人領土，阿方索六世也無法成功收復整個西班牙。要到四百年後的一四九二年，摩爾人才被完全逐出伊比利半島。

羅德里戈成為瓦倫西亞之主後仍取得不少勝利，但這些發動的戰爭只是出於他的私利，而非以光復基督教或西班牙為主要目的。所以，在《熙德之歌》中描寫的那個崇高的熙德，在事實上是不存在的。

一〇九九年，羅德里戈在瓦倫西亞安詳離世。這個曾被稱為「熙德」的人，被譽為強大的戰士是當之無愧的，但他絕不是一個富有騎士精神、擁有崇高使命感的民族英雄。

法國奠基者：征服高盧的克洛維一世

✧ 王者誕生

在古典時代，即五世紀之前，羅馬帝國曾經是歐洲最強大的國家，幅員遼闊，造就了一段極光輝的歷史和文化。然而，在爆發三世紀危機後，羅馬帝國漸漸衰落，更在後來分裂為東西兩部，西羅馬帝國最終在內憂外患的情況下，在四七六年壽終正寢。當帝國灰飛煙滅後，各蠻族就在帝國故土上建立了自己的王國。

所謂蠻族，其實是羅馬人對境外之民的稱呼，尤指在日耳曼地區的日耳曼民族。本文想介紹的，便是後來對歐洲歷史影響深遠的其中一支，稱為法蘭克人（Franks）。

法蘭克人本來聚居在萊茵河東岸。五世紀初，因為來自亞洲的匈人（Huns）

遷徙到歐洲，其好戰性格使日耳曼人心生恐懼，導致了各日耳曼人遷徙進羅馬帝國境內。其中，法蘭克人渡過萊茵河，來到高盧（Gaul，約今日法國所在地）北部地區，並漸漸征服和同化當地的高盧羅馬人。

法蘭克人本身並非一個統一的部族，由眾多不同部落組成。克洛維一世（Clovis I）生於四六六年，來自薩利昂法蘭克部落（Salian Franks）的酋長家庭，父親死後以十五歲之齡在四八一年繼承了酋長之位。雖然，當時法蘭克人仍然只是由多個部族組成的部落，直到克洛維一世統治後，法蘭克王國才真正建立。而因為克洛維祖父名叫墨洛溫（Merovech），因此他所屬的王朝便稱為墨洛溫王朝（Merovingian Dynasty）。

◇ 征服高盧

我們所以稱克洛維一世為法蘭克王國奠基者，甚至是法國奠基者，在於他在位時期達成了數個關鍵成就，使王國站穩了腳跟。

第一個成就是征服了高盧。克洛維一世父親和祖父在位時，曾經效力羅馬帝國，為帝國提供兵源對抗多次入侵帝國的匈人軍隊。因此，法蘭克人被羅馬帝國皇帝視為忠誠的夥伴，贈予其不少財富。說白點，這些財富其實就是法蘭克人作為僱傭兵的報酬。於是，克洛維一世登基時，法蘭克人已可算是個頗富有的部落。而且，他登基時，西羅馬帝國已經不再存在，他就再沒有為其提供兵源的重擔，可以放心擴張勢力。各蠻族在帝國故土上爭相建立眾多王國，克洛維一世意識到，要在這個亂世站穩腳跟，就必須擴大法蘭克人的勢力範圍。

不過，雖然西羅馬帝國滅亡了，但曾效忠羅馬帝國、統治高盧行省的羅馬總督仍有一定實力。這位羅馬總督名叫西阿格里烏斯（Syagrius），控制著高盧中部的蘇瓦松地區（Soissons），當羅馬帝國皇帝被廢黜後，順勢自立為「羅馬人的國王」。在說服並得到其他法蘭克部落的幫助下，克洛維一世成功打敗擁有精良裝備和士兵的西阿格里烏斯，西阿格里烏斯兵敗之後隨即投靠了另一支日耳曼部落——西哥德人（Visigoths）。

克洛維一世為了杜絕西阿格里烏斯捲土重來，脅迫西哥德人把他交出來。西哥德人當時才剛在伊比利半島定居，根基未穩，不想跟法蘭克人開戰，於是只好交出西阿格里烏斯。西阿格里烏斯被送回蘇瓦松，克洛維一世隨即將之處決。四九一年末，克洛維一世基本上已經控制高盧大部分地區了。

✧統一法蘭克人

克洛維一世第二個成就便是統一了法蘭克人，建立了王權雛形。克洛維一世征服高盧後，勢力十分龐大。不過，當時除他之外，法蘭克人還存在數個酋長，其中兩個實力較強大的便是查爾拉歷克（Chararic）和拉格納查爾（Ragnachar）。這兩個人統領的法蘭克部落本來是克洛維一世盟友，前者曾與他有過節，後者則曾在克洛維一世攻打西阿格里烏斯提供援助。

然而，這兩個人都是克洛維一世稱霸路上的障礙，不久便被他派人暗殺掉了。四九六年，當克洛維一世清除了餘下一些實力較差的酋長後，就正式統一了法蘭克人。

根據後世一位專注研究法蘭克人歷史的高盧羅馬人歷史學家——都爾的額我略（Gregory of Tour）所說，克洛維一世統一法蘭克人之時，身邊已經沒有任何親族。由此可見，那些昔日被克洛維一世殺掉的酋長，應該都跟他有密切的血緣關係。

✧蘇瓦松花瓶的故事

除了統一法蘭克人外，克洛維一世還同時建立了王權，使法蘭克從一個部落變成一個王國。克洛維一世如何建立王權呢？我們可以從一個流傳的故事「蘇瓦松花瓶」（Vase of Soissons）來談談。

話說，當克洛維一世攻占了蘇瓦松之後，洗劫了當地的蘭斯教會（Rheims），士兵都對應其軍功而得到了戰利品。為保公平，克洛維一世讓所有人公平抽籤拿取戰利品，其中一名士兵取得了一個花瓶。對教會來說，這個花瓶是極具神聖意義的珍品，蘭斯主教聖雷米（St. Remy）希望克洛維一世能夠歸還這個花瓶，克洛維一世答應了。於是，他向這位士兵提出收回這個花瓶的要求，誰知這位士兵卻十分不滿，認為這個花瓶是他戰功的合理獎賞，一怒之下，在克洛維一世面前用斧頭把這個花瓶砍爛，接著說：「我抽到的就是我的，你沒有權力取走屬於我的東西！」

於是，克洛維一世就這樣作罷，只好把這個爛掉了的花瓶還給主教。一年後，克洛維一世叫來了他的軍隊，要查看他們裝備。他來到了那位一年前把花瓶砍爛的士兵前，故意為難他，說他的斧頭破破爛爛，不像個合格的士兵。克洛維一世從那位士兵手上搶走斧頭丟在地上，當那位士兵彎腰把斧頭拾回時，克洛維一世便拿起斧頭把這個士兵砍成兩半，然後說：「你的東西的確是你的，但你卻是屬於我的。」於是，再也沒人敢反抗克洛維一世的命令了。

從這個故事可見，當時的克洛維一世已在法蘭克人之間建立了權威，成為法蘭克王權的雛形。王權建立有賴軍隊的紀律性，後世有人曾說：「當他初征服蘇瓦松後，身無分文，既沒有金與銀，也沒有酒與糧，但他參考了昔日凱撒的做法——以戰場上的勝利吸引士兵效力。當每次成功打勝仗後，所有戰利品會被集中堆在一處地方，每個戰士能夠得到他應有的

蘭斯主教聖雷米懇求克洛維一世歸還蘇瓦松花瓶。

（圖片來源：維基百科）

份。而且，王家在軍隊並無特權，所有人都必須嚴格遵守軍法。於是，本來蠻族像是不被馴服的野馬，但從此便被教導而明白服從紀律的重要性和好處。」

✧ 皈依天主教

克洛維一世最後一個成就是他果斷地皈依了天主教。本來，法蘭克人是信奉基督教中的阿里烏派（Aranism）。雖然同是基督教，但阿里烏派在羅馬帝國被視為異端，為了統治需要，克洛維一世比其他蠻族國王更果決地帶領族人歸順羅馬教廷。這是一個十分明智的決定，當西羅馬帝國滅亡後，失去影響力的羅馬貴族和基督教會，急於在新建立的蠻族王國中尋找政治上的支柱。克洛維一世願意皈依天主教，羅馬教廷當然十分歡迎，畢竟法蘭克王國是在眾多蠻族中崛起得最快的一個。

於是，這不僅使他統治羅馬高盧遺民和在地教會更容易，在得到教會和羅馬貴族的幫助下，克洛維一世更分別在五〇〇年征服了勃艮第王國，在五〇七年把西哥德人的勢力趕出高盧。自此，法蘭克人完全控制整個高盧地區。

五〇八年，克洛維一世在教會的加持下，獲得了東羅馬帝國的承認與結盟，被授予執政官稱號，這在舊羅馬世界是相當崇高的官職，成為了羅馬教會保護者。西羅馬帝國灰飛煙滅後，東羅馬帝國成為羅馬帝國正朔，統治羅馬帝國故土的蠻族王國若想要有效統治，得到東羅馬帝國承認是十分重要的。

克洛維一世在位時達成的這些成就，使他從法蘭克部落的酋長一躍成為法蘭克人國家的唯一國王，這意味著他作為部落軍事領袖的權力，演化為一個獨立王國的世襲王權。

五一一年十一月二十七日，克洛維一世逝世。他一生戎馬，在王國西邊他打敗了西哥德王國，在王國東邊則與東哥德王國結盟，穩定了自己一手建立的法蘭克王國。這個法蘭克王國，後來成為法國、德國和義大利的雛形。

◇懶王時代

克洛維一世死後，他的領土被四位兒子瓜分。克洛維建立的墨洛溫王朝，長年面對處於分裂狀態的嚴重問題，基本上每一代國王死後，他的領土都會被兒子平分。因此，克洛維一世之後的二十八任國王，只有五位曾經統治統一的法蘭克王國，這種局面，漸漸造成了王朝後期的「懶王」（Roi fainéant）時代。

所謂懶王時代，便是因為法蘭克王國長期處於分裂的狀態，國王必須依靠宮相遊走領地之間，平衡各勢力諸侯，造成後期國王權力不斷下降，宮相成為墨洛溫王朝實際統治者。

克洛維一世死後兩百年，墨洛溫家族的王位終於被出身宮相的加洛林家族（Carolingian Dynasty）取代而結束。後來，在八世紀的法蘭克王國，將出現另一位對歐洲史起了轉捩點作用的國王，他跟克洛維一世作風相似，而且掀起更大的歷史漣漪，他就是千古一帝——查理大帝（Charlemagne）。

奧匈帝國末日：力挽狂瀾的法蘭茲・約瑟夫

「雖然我們都想過著平靜的生活，但不幸地我們要利用武力尋求和平。」

一九一四年，奧匈帝國皇帝法蘭茲・約瑟夫一世（Franz Joseph I）代表帝國發表了這份聲明，向塞爾維亞宣戰，正式揭開了第一次世界大戰的序幕，也同時預示了偉大的奧地利哈布斯堡王朝，在大戰結束後將灰飛煙滅。法蘭茲・約瑟夫一世來自奧地利哈布斯堡家族，他所繼承的，是一個危機四伏、面臨崩潰的奧

奧地利帝國皇帝／奧匈帝國皇帝法蘭茲・約瑟夫一世。（圖片來源：維基百科）

地利帝國。在位六十八年的他力挽狂瀾，曾經堅持，也曾經做出妥協。他希望團結由多民族構成的奧地利帝國，不致於在民族主義興起的十九世紀分崩離析。他一生奉獻給了整個帝國，在他統治期間，維也納呈現了像迴光返照的文化曙光，但帝國最終在他離世的兩年後消失得無影無蹤。那麼，十九世紀的奧地利帝國，究竟發生了什麼事呢？

◇ 內憂外患的奧地利帝國

與現代奧地利不同，十九世紀的奧地利帝國由哈布斯堡家族統治，統治的領域包括了今天的奧地利、匈牙利、波希米亞和北義大利等等，是當時一個多民族大帝國。在啟蒙主義風潮影響下，民族主義興起，讓十九世紀的歐洲風雲變色。奧地利帝國作為一個多民族帝國，帝國內各民族之間開始產生隔閡，各自醞釀著要脫離帝國獨立，他們紛紛起義，奧地利帝國似乎快要從內部崩潰。

除了內部問題外，奧地利帝國四周都是危機。帝國北面，是強大的普魯士王國，正與奧地利帝國爭奪對德意志地區的控制權。南面的薩丁尼亞人（Sardinians），也在尋找統一義大利的機會，試圖奪取仍然由奧地利帝國統治的米蘭和威尼斯等。

東面的俄羅斯帝國也在找機會南下，位於巴爾幹半島的塞爾維亞在擺脫鄂圖曼帝國控制後也都日漸強大。這些位於帝國四周的強權，都在靜心觀察著奧地利帝國內部危機發展，虎視眈眈。

◇ 匈牙利叛亂

一八四八年，占據整個帝國最大的領土——匈牙利首先爆發大規模起義。當時匈牙利人自行宣布獨立，隨即武裝起義。十八歲的法蘭茲·約瑟夫一世就是在這種政治形勢下登基，接手這個燙手山芋。作為奧地利帝國皇帝，他不容許帝國分崩離析，因此他對於匈牙利人民的起義，採取了鎮壓手段，並下令處決超過百名的起義軍成員，以收阻嚇作用。這種做法，使匈牙利人民從此對他產生了怨恨。這種怨恨，成為了帝國內隨時爆炸的炸彈。

匈牙利王國是以主體民族來自亞洲的馬扎爾人（Magyarok）建立的。十世紀時，從羅馬教宗把象徵匈牙利王位的聖史蒂芬王冠（Szent Korona）贈予第一任國王開始，王國已有千年歷史。今天若走進位於匈牙利首都布達佩斯的國會大樓，我們可以看到歷代匈牙利王國君主雕像，和那頂聖史蒂芬王冠。然而，法蘭茲·約瑟夫一世卻不在其中，因為他登基時，並沒有受到匈牙利人民擁戴。

✧ 專心帝國內部發展

暫時遏止了民族主義狂熱的法蘭茲·約瑟夫一世，開始著手內部的統治事務。在他努力下，首都維也納重現了生氣和曙光。首先，他重新規劃了維也納，把舊圍牆拆除，擴大了城區，建設起著名的環形大道，把土地賣給投資者，這些投資者大多是住在維也納的猶太金融家。

環形大道修建完成後，法蘭茲·約瑟夫一世又在四周修築了許多由平民設計的宏偉建築，維也納歌劇院便是其中之一。其他建築也陸續完成，例如於一八八一年竣工、以義大利文藝復興風格建造的藝術歷史博物館，用以收藏哈布斯堡家族歷代的藝術藏品；一八八三年竣工、以古希臘神廟建築風格修建的國會大廈；一八八八年竣工、以早期巴洛克風格建造的國家劇院。由不同風格建造的各類建築群，使維也納呈現了一種優雅的藝術氣氛。

除了維也納的新規劃外，法蘭茲·約瑟夫一世還大力提拔人材。他雖然鎮壓叛亂毫不手軟，但卻非常樂意任用來自各民族的人材。他在位六十八年，文化藝術成就斐然，人民劇院、人民歌劇院相繼落成，滿足平民對文化藝術的需要。

媒體和思想發展也變得更自由，很多新文化和新思想的先驅者相繼出現，例如被譽為精神分析學之父的佛洛伊德（Sigmund Freud）、波希米亞作家卡夫卡（Franz Kafka）、作曲家馬勒（Gustav Mahler）和畫家古林姆（Gustav Klimt）。古林姆是皇室御用畫家，許多皇家建築的壁畫，都由他一手包辦。法蘭茲・約瑟夫一世還允許猶太人擁有土地、自由搬遷、參與選舉，使猶太人與帝國成為共同體，讓他們同化進帝國中。

奧地利帝國變成奧匈帝國後，帝國出現了一種全新的藝術文化：分離派風格（Wiener Secession）。這種風格對當時的藝術主流來說可謂顛覆傳統。分離派風格最先影響的是繪畫。這種風格的領袖，正是古林姆。當他轉向分離派風格後，便再沒有為皇室工作，而他以分離派風格創作的作品，卻使他成為維也納新時期最受歡迎的畫家。

除了在繪畫方面外，分離派風格還影響了建築風格，提倡簡約主義。在霍夫堡皇宮（Hofburg）外，有人修建了一座怪異的建築物，即採用極簡約風格的洛斯館（Looshaus）。這座洛斯館遙望法蘭茲・約瑟夫一世的辦公室窗戶，據說他很討厭這座建築，自此不再拉開辦公室的窗簾。

✧ 法蘭茲．約瑟夫一世的妻子伊莉莎白

一八五四年，亦即登基後的第六年，法蘭茲．約瑟夫一世迎娶了巴伐利亞女公爵伊莉莎白。這位伊莉莎白便是著名的茜茜皇后，她日後將間接引導了法蘭茲．約瑟夫一世一生中最大的決定，這在後文會再提及。

伊莉莎白的婆婆並不太喜歡她，除了趕走她帶來的一名宮女外，還不准她教養自己的孩子。抵受不住婆婆壓力的伊莉莎白，漸漸變得抑鬱，最後她決定出走旅行，經常不在法蘭茲．約瑟夫一世身邊。為表達對愛妻的思念，法蘭茲．約瑟夫一世經常費力地使用舊式德語寫信給她，表達愛意。

伊莉莎白非常喜愛匈牙利，經常會到匈牙利渡假。她身邊有一名馬扎爾宮女，不僅向她學習匈牙利語，還努力融入匈牙利文化。這使他與丈夫在匈牙利的名聲完全不同，深受匈牙利人民喜愛。

伊莉莎白最著名的，莫過於她非常重視自己的身形。她為了保持苗條，甚至不喜愛吃東西。

✧法蘭茲．約瑟夫一世的弟弟馬克西米利安

法蘭茲．約瑟夫一世有一名弟弟叫馬克西米利安（Maximilian）。他在一八五七年任命弟弟為義大利總督，負責統治米蘭和威尼斯。這兩座城市對奧地利帝國來說，是通往地中海的大門，在貿易和軍事上十分重要。不過，與匈牙利一樣，義大利民族主義情緒也十分高漲，薩丁尼亞人一直想利用這股情緒統一義大利。

馬克西米利安身為總督的兩年，近距離感受著這股浪潮，明白這是奧地利帝國必須面對的問題。於是，他向法蘭茲．約瑟夫一世提議，擴大義大利的權力。法蘭茲．約瑟夫一世立即便明白弟弟意思是要給予義大利自治權，這是皇帝所不能容忍的事情。因為若給予義大利自治權，其他民族也會有相同要求，奧地利帝國將無可避免地徹底分裂。

對此，法蘭茲．約瑟夫一世感到非常憤怒，他召回了馬克西米利安，從此沒再給他新的任命。馬克西米利安自此也遠離帝國權力中心，他只能擔心帝國將來，卻再也無能為力。

但到了一八六四年，馬克西米利安的命運卻徹底轉變了。當時法國與美國正在

爭奪墨西哥的控制權，法國皇帝拿破崙三世（Napoléon III）希望馬克西米利安藉著哈布斯堡家族的名聲，登上墨西哥皇位，再透過他控制墨西哥。雖然法蘭茲．約瑟夫一世極力反對，但對本國早已心灰意冷的馬克西米利安還是答應成為墨西哥皇帝。可是，當他登上皇位後，便隨即陷入了墨西哥的內戰。馬克西米利安與敵對勢力對抗很久後最終被捕，並在一八六七年以叛國罪名被處決。

馬克西米利安被處決的消息送到維也納後，法蘭茲．約瑟夫一世悲傷不已。可是，這位可憐的皇帝根本沒有時間能夠悲傷，因為奧地利帝國也

來自墨西哥的代表團請求馬克西米利安登上墨西哥皇位。

（圖片來源：維基百科）

陷入空前的危機了。

✧法蘭茲．約瑟夫一世的妥協——奧匈帝國

薩丁尼亞人終於抓到機會，奪取了米蘭。與普魯士王國爭奪地區霸權的普奧戰爭中，普魯士王國大勝，奧地利帝國慘敗，從此失去對德意志地區事務的影響力。後來，奧地利帝國連威尼斯也失去了。

北方強國崛起，國內民族情緒高漲。帝國的形勢，任法蘭茲．約瑟夫一世如何努力，似乎與他一開始的願望背道而馳。加上妻子一年裡有大部分時間都不在他身邊，讓他倍感孤單，他自此便長居在匈牙利。當他看見妻子伊莉莎白深受匈牙利人民擁戴，以及在匈牙利長居後有所體悟，法蘭茲．約瑟夫一世知道，他必須做出妥協了。

一八六七年，法蘭茲．約瑟夫一世做出了他一生中最大的決定。為了保護帝國，他做出了極大讓步——給予匈牙利極大的自治權。他與伊莉莎白在匈牙利正式加冕為國王和王后，但因他早年血腥鎮壓過匈牙利起義的關係，他仍沒有得到匈牙利人民支持。隨後，他與匈牙利貴族簽訂「奧匈折衷條約」（Österreichisch-

Ungarischer Ausgleich），奧地利和匈牙利成為共主邦聯，奧匈帝國成立。在現今匈牙利布達佩斯火車站裡，有一塊牌匾刻著一句拉丁文：「VIRIBVS．VNITIS」，意思是「聯合的力量」。

奧匈帝國是一個怎樣的國家呢？它是一個雙元帝國。奧地利和匈牙利有各自的政府機構，相互獨立不干涉。在這兩個政府之上以奧匈帝國皇帝作為共主，外交、國防和經濟政策等，仍由皇帝決定。匈牙利享有極大自治權，皇帝在匈牙利的權力被大幅削弱。法蘭茲．約瑟夫一世以下放權力為代價，換取帝國穩定。

一八六七年，法蘭茲．約瑟夫一世與伊莉莎白一同加冕為匈牙利國王和王后。

（圖片來源：維基百科）

可是，問題並沒有因此解決。當時匈牙利人口約有一千七百萬，大部分是馬扎爾人。他們雖然是大多數，卻並非絕對多數，在匈牙利境內仍然住著許多不同民族的人民，例如羅馬尼亞人、克羅埃西亞人、塞爾維亞人、烏克蘭人和斯洛文尼亞人。馬扎爾人藉由克羅埃西亞人的支持，取得國會大多數席次，實際上控制了匈牙利，掌握了其他民族的政治生活，使其他民族心裡不滿。

不久後，法蘭茲．約瑟夫一世最擔心的事情終於出現了。匈牙利得到自治權後，波希米亞人認為也應該享有同等的自治權。法蘭茲．約瑟夫一世雖然同意他們的主張，但他已經沒有足夠權力再促成一個「奧—匈—波帝國」，因為這項主張，被匈牙利人和波希米亞籍的德意志人反對。奧匈帝國成立後，匈牙利人地位急促上升，其他民族卻急劇下降。也就是說，民族主義的炸彈，並沒有因為奧地利帝國變成奧匈帝國後而得到拆除。

✧ 最悲傷的時刻

一八八九年，他唯一的兒子魯道夫（Rudolf）撒手人寰。魯道夫逃避父親任命，與十七歲的小情人殉情，死時只有三十歲。他們殉情的地方，後來被改建成修道院。在魯道夫留下的書信中，全部是給他的母親和密友，唯獨給父親的一封也沒有。看來法蘭茲．約瑟夫一世與兒子的關係並不很融洽。

兒子自殺後，伊莉莎白傷痛欲絕，她放棄了所有的職務，又再次出走旅行。一八九八年，伊莉莎白在瑞士渡假時，被一名義大利無政府主義者刺中胸部，當場死亡。法蘭茲．約瑟夫一世的弟弟、兒子和妻子相繼離世，只剩下他孤零零地留在世上，面對著帝國的衰亡。他曾說過：「所有人都死了，只有我還不能死。」帝國的命運，仍需要他去維繫。

唯一的兒子死了，法蘭茲．約瑟夫一世立姪子法蘭茲．斐迪南（Franz Ferdinand）為皇儲。因為後來發生的一件重大事件，他的名字將永遠刻印在歷史上。

✧ 塞拉耶佛事件：第一次世界大戰爆發

塞拉耶佛（Sarajevo）是位在奧匈帝國巴爾幹半島波士尼亞—赫塞哥維納的一座大城，住著許多塞爾維亞人。擺脫鄂圖曼帝國統治而獨立的塞爾維亞採取積極的擴張主義政策，欲爭取這個地區的控制權，因此巴爾幹地區局勢非常動盪不安。一九一四年，法蘭茲．斐迪南與他的妻子在塞拉耶佛遇刺身亡，事發當日是他們的結婚紀念日，凶手是一名塞爾維亞人。

連姪子也死了，法蘭茲．約瑟夫一世既傷心又憤怒，他決定向塞爾維亞宣戰，揭開第一次世界大戰的序幕。戰爭爆發兩年後，法蘭茲．約瑟夫一世在皇帝別墅的禱告台前，希望盡早結束戰爭，減少因為戰爭造成的破壞。

然而，上帝並沒有回應他誠心的祈禱。

✧國家隨著逝去的皇帝而消失

一九一六年十一月二十一日，法蘭茲．約瑟夫一世因肺炎在美泉宮逝世，享年八十六歲。他離世時，第一

斐迪南大公夫婦被弒的前幾分鐘。

（圖片來源：維基百科）

次世界大戰還沒結束。他的遺言讓人倍感悲傷，那句遺言是他前一晚睡前對侍從的一句話：「你能明天早上三時半把我喚醒嗎？我還有很多工作沒做完……」

一九一八年十一月，奧匈帝國軍隊投降，本來在奧匈帝國統治下的各國，後來紛紛建立起自己的政權：捷克斯洛伐克、南斯拉夫、波蘭等等，而奧地利則變成共和國，末代皇帝卡爾一世（Karl I）舉家逃亡，偉大的哈布斯堡王朝終於落幕，從世界舞台上走下來，成為歷史。

奧匈帝國滅亡後的二十年，皇宮上站著另一個人，他是阿道夫．希特勒。一九三八年，他宣布奧地利併入德國，過去為法蘭茲．約瑟夫一世創作的皇室頌歌成了納粹德國國歌，只是部分歌詞重填了，那首歌是這麼唱的：「德國，德國，團結一心……」

五顆星評價蘇丹：來自鄂圖曼的蘇萊曼大帝

✧ 初登大位

在十六世紀初，歐洲算是個權力分布平衡的時代。這個時期的歐洲，由三位年輕統治者彼此制衡，他們分別是英格蘭的亨利八世（Henry VIII）、法國的法蘭西斯一世（Francis I）和神聖羅馬帝國的查理五世（Charles V）。一五二〇年，位於東方的鄂圖曼帝國剛經歷了王位更迭，剛滿二十六歲的蘇萊曼一世（Suleiman I）成為帝國蘇丹。

在這風雲變色的歐洲，魅力四射的君主比比皆是，根本沒有人有興趣關心這個新任土耳其君主會有什麼能耐。不過，蘇萊曼一世的名字不久後就會在歐洲變得家喻戶曉，無人不識，而且還贏得了歐洲人對他極高的評價，甚至稱他為「蘇萊曼大帝」。

蘇萊曼一世擁有一副典型的土耳其人樣貌。他身材高大，額頭有點闊，臉也比較圓，有著鷹鉤鼻和一對褐色雙目，脖子看來長得不太自然。他在帝都君士坦丁堡長大，自小就在托卡比皇宮（Topkapi Palace）裡接受高品質的皇室教育。在許多著名學者教授下，蘇萊曼一世在歷史、科學、文學、神學和軍事等範疇都接受非常全面的教育。除此之外，他還是個天生的詩人和語言學家，精通五種語言，包括土耳其語、阿拉伯語、察合台語、波斯語和塞爾維亞語。

蘇萊曼一世。

（圖片來源：維基百科）

事實上，歐洲人對蘇萊曼一世這個新任東方君主漠不關心，原因在於這位年輕新蘇丹被認為是個斯文學者，不像他父親塞利姆一世（Selim）那樣是個軍事強人。塞利姆一世在位只有八年，卻為兒子蘇萊曼一世留下一個無與倫比的巨大帝國。他在位時，成功征服了埃及馬穆魯克王朝（Mamlunk Sultanate）和波斯的薩法維王朝（Safavid Dynasty）。因此，當蘇萊曼一世繼位時，鄂圖曼帝國版圖已囊括了希臘、土耳其、黑海沿岸、埃及、利比亞、巴勒斯坦、現今沙烏地阿拉伯的漢志地區（Hejaz）和阿爾及利亞沿岸等等廣大領土。

既然塞利姆一世時期的鄂圖曼帝國呈現了高度侵略的擴張態勢，當時歐洲人認為，繼承皇位的蘇萊曼一世也許繼承父親的擴張政策。沒錯，這位年輕蘇丹的確有野心，但除了軍事擴張外，他還有其他更重要的理念想實踐。

在說蘇萊曼一世的事蹟之前，讓我們來看看十六世紀的歐洲君主各有什麼盤算。基本上，當時整個歐洲最有權力的君主，非神聖羅馬帝國皇帝查理五世莫屬。其次，兩個較強大的君主便是英格蘭的亨利八世和法國的法蘭西斯一世。當然，擁有廣大領土的鄂圖曼帝國，也是有相當大影響力的。

✧ 各懷鬼胎的歐洲君主

亨利八世經常在尋找機會，欲奪回英格蘭在法國的領土。因為，在英法百年戰爭之前，英格蘭國王一直統治著法國北部諾曼第地區，這個地區也是英格蘭國王的起家之地，因此歷代國王都想要取回「老家」。至於法蘭西斯一世，則時刻想重奪米蘭公國（Duchy of Milan）統治權。實力最強的查理五世，野心自然更大了，他企圖透過自己的話語權，統一和團結整個基督教世界。想要做到這點，就必須先奪回聖地耶路撒冷和曾經是羅馬帝國首都、東方基督教大本營，現今是鄂圖曼帝國首都的君士坦丁堡，這無疑是對蘇萊曼一世的挑戰。蘇萊曼一世從小受到古希臘英雄亞歷山大大帝的事蹟影響，認為自己繼承了這位英雄的氣概和信念，因此，他也有從東方進軍西歐的企圖。

相比起查理五世，蘇萊曼一世統治下的鄂圖曼帝國仍遜色不少。透過爺爺精心策劃的聯姻，查理五世繼承的哈布斯堡帝國，橫跨歐洲西中南部，而且因為繼承了西班牙王位，因此更坐擁了美洲和亞洲廣大殖民地和資源。當時若只算西班牙，已經是地球上名符其實的日不落帝國，更何況查理五世統治的土地，還不只有西班牙。

查理五世、亨利八世和法蘭西斯一世還有親戚關係，像是亨利八世的第一任王后阿拉貢的凱薩琳（Catherine of Aragon），就是查理五世的王姊。照理說，查理五世在歐洲應該是個主要的持份者，影響力應該是主導著歐洲政治，但歷史卻告訴我們，這位有著最大權力的歐洲霸主，他的一生卻忙於應對蘇萊曼一世的挑戰。

✧ 攻占貝爾格萊德和羅得島

一五二一年七月，這位新任蘇丹很快便清楚告訴了世人他的意圖，那就是向西方挺進。他帶著六千兵力的軍隊，包括精銳的土耳其新軍（Janissaries）、騎兵和步兵，圍攻當時屬於匈牙利王國位在多瑙河沿岸的要塞城市貝爾格萊德（Belgrade）。雖然貝爾格萊德是個強化了防禦能力的城市，而且在多瑙河還停著不少戰船來抵禦外敵，但在蘇萊曼一世指揮下，土耳其軍隊還是成功攻陷了這座城市。

不過，蘇萊曼一世卻不像查理五世在一五二七年洗劫羅馬的做法那般。反之，蘇萊曼一世的軍隊軍紀嚴明，不但沒在貝爾格萊德燒殺搶掠，還向因為戰事而財產受損的當地人民提供合理賠償，而且果斷處決那些趁火打劫的罪犯。

蘇萊曼一世在歐洲成功建立立足點後，沒有乘勝追擊深入歐洲大陸，卻將目光放在羅得島（Island of Rhodes）。羅得島是位在地中海東部的一個要塞島嶼，由醫院騎士團（Knights Hospitaller）控制。醫院騎士團是在地中海進行貿易和運輸的穆斯林船隻的夢魘，他們經常襲擊穆斯林船隻，搶奪船上物資和俘虜船員，早已是鄂圖曼帝國的眼中釘。現在蘇萊曼一世正式向西方宣戰了，醫院騎士團對穆斯林來說威脅就更大了。於是，蘇萊曼一世決定要解決這個問題。

早在塞利姆一世時期，鄂圖曼帝國便建立了一支強大海軍。到了蘇萊曼一世，也花了不少努力進一步強化海軍，他任命了被西方稱為「巴巴羅薩」（Barbarossa）的海雷丁帕夏（Hayreddin Pasha）治理海軍。如今，這支海軍擁有四百艘精良的戰船和十萬名訓練有素的士兵，但軍紀不太好，經常在地中海沿岸屠殺平民，蘇萊曼一世卻沒有阻止。

一五二二年十二月，花了六個月的蘇萊曼一世終於利用這支海軍攻陷了羅得島。為了盡早在冬天完結前結束戰爭，蘇萊曼一世選擇如他在貝爾格萊德的處理手法一樣，善待羅得島的被征服者。他向曾死守家園的守軍表示尊重，讓醫院騎士團的殘餘部隊在十二天內從島上撤離，更允許他們帶走屬於他們的武器、財產和宗教信物。至於居住在羅得島的平民，蘇萊曼一世則允許他們在未來三年間自由選擇是否離開。

蘇萊曼一世沒有對羅得島人民實行恐懼統治，卻試圖籠絡他們的心。為此，他鼓勵羅得島平民留下來生活。他不強迫信奉基督教的平民改信伊斯蘭教，並承諾不會破壞島上的教堂，或將之改建為清真寺。

後來，醫院騎士團轉而搬到馬爾他島作為根據地，持續對抗鄂圖曼帝國的海軍。於是在一五六五年，蘇萊曼一世再次發動了攻擊，這次他不再善待醫院騎士團了，轉而對馬爾他島採取了毀滅性的進攻，使島上的城市造成巨大破壞，也因此屠殺了不少當地住民。醫院騎士團奮力抵抗，大半成員陣亡，但也造成了鄂圖曼帝國軍隊損失慘重而被迫撤退。從此，醫院騎士團便在馬爾他島站穩了腳跟，漸漸演變成馬爾他騎士團（Knights of Malta），直至十九世紀拿破崙的征服為止。

◇ 土耳其和平

在往後的數十年間，因為西班牙收復戰爭而被趕離伊比利半島的摩爾人（Moors）和猶太人，紛紛逃亡到了君士坦丁堡。君士坦丁堡在蘇萊曼一世治下，成為了一個十分有器量的城市。在這裡，每個人都享有宗教自由，他們毋須害怕因為不信奉伊斯蘭教而遭到迫害。這種政府鼓勵了新移民遷入，他們大多是商人、工匠和銀行家，從此成為君士坦丁堡的生力軍。當然，作為政教合一的國家，非穆斯林在鄂圖曼帝國還是需要繳交附加稅，但至少他們能夠享受到和平和自由。

蘇萊曼一世十分善於維持附庸國的忠誠。例如，他勤於派遣使節來到外西凡尼亞（Transylvania）山區，跟波士尼亞人和克羅埃西亞人的酋長保持友善溝通，以和平手段確保他們忠於鄂圖曼帝國。在鄂圖曼帝國治下的希臘，因為統治有道，農作物產量比在威尼斯人統治時期更多。希臘和法國商人可以很安心地在帝國裡營商，在當時，這個帝國是穩定環境的代名詞。本來，鄂圖曼帝國在東歐曾瀰漫著一種「土耳其恐怖統治」的氛圍，但如今在蘇萊曼一世統治下，卻逐漸轉為一種稱為「土耳其和平」（Pax Turcia）的昇平景象。當然，這只限於東歐地區，他對西歐的擴張，就是另一回事了。

✧ 褻瀆神明的百合和新月聯盟

在西歐，情況就完全不同了。查理五世與法蘭西斯一世長期都在如箭在弦的狀態中，西歐因此戰禍綿綿。法蘭西斯一世的妹妹就曾說過：「這兩個人出生好像就是為了憎恨對方。」

因為對查理五世的敵意，法蘭西斯一世唯有嘗試放棄宗教上的分歧，向鄂圖曼帝國尋求結盟，合作應付查理五世的戰爭。這種摒棄多個世紀以來宗教敵對而尋求政治上的聯盟，招來了基督教世界強烈批評，但無庸置疑這決定相當劃時代。

一五二五年，法蘭西斯一世在帕維亞戰役（Battle of Pavia）中潰敗，被查理五世俘虜。法蘭西斯一世的母親唯有向蘇萊曼一世尋求協助。蘇萊曼一世是個有遠見的君主，他認為宗教不應該成為政治角力的障礙，因此當法國來尋求和解與結盟時，他看到的是一個絕好機會，一個讓他能夠在歐洲棋局發揮影響力的機會。因此，蘇萊曼一世迅速答應了法國，表示全力支持法蘭西斯一世。

自此，這個「法國—鄂圖曼聯盟」就慢慢形成了，而且將會跨越數個世紀。然而，這個結盟卻被當時的人抨擊為「不虔誠的聯盟」和「褻瀆神明的百合和新月聯盟」。

✧ 維也納圍城戰的失敗

一年後，即一五二六年，在法蘭西斯一世的默許下，蘇萊曼一世進軍匈牙利，成功在摩哈赤戰役（Battle of Mohács）中決定性擊潰匈牙利軍隊，匈牙利國王拉約什二世（Louis II）戰死，意味著匈牙利王國土崩瓦解。然而，蘇萊曼一世卻在稍後更具野心的進軍中遭受到了初次失敗。一五二九年，鄂圖曼帝國軍隊包圍維也納，雖然成功打擊了神聖羅馬帝國，卻最終失敗而回，無法攻陷當時歐洲重鎮維也納。

後來在一五三二年，蘇萊曼一世曾捲土重來，不過最終仍是無功而返。

雖然在維也納圍城戰中鎩羽而歸，但蘇萊曼一世的軍隊仍震懾了他在歐洲的競爭者。這支軍隊的主力部隊稱為「耶尼切里」，亦即是「土耳其新軍」，新軍最初由戰俘組成，後來則挑選希臘、阿爾巴尼亞和巴爾幹等地基督教家庭的孩童，帶到帝國心臟地帶精心訓練，成為整個帝國裡最精銳也最忠於蘇丹的士兵。奧地利一名大使奧吉爾・德・布斯貝克（Ogier de Busbecq）曾在他的書中寫道，讚美過這位蘇丹的軍隊極有紀律：

> 他們極有耐性、服從性強、不容易爭吵，而且完全不畏懼。這支軍隊不喝酒只喝水，飲食極度節制，他們每天只以蘿蔔、黃瓜、大蒜、鹽和醋作為主食，有時他們會在水中混入麵粉、牛油、牛肉粉末和香料。或許，這就是鄂圖曼帝國的高蛋白飲料。與如此有系統的土耳其人比較，我不敢想像我們將會擁有怎樣的未來。

當然，蘇萊曼一世的成就不只在軍事和外交方面，他在內政方面還有很多突破性的改革，而且富有個人特色和魅力。

✧ 極度奢華的蘇丹

各國大使到訪鄂圖曼帝國後，會把他們在土耳其宮廷看到的所見所聞詳細記錄下來，然後帶回歐洲向他們的國王報告。君士坦丁堡早在拜占庭帝國統治時期，便已是當時世上最繁榮、最富裕和最宏偉的城市。君士坦丁堡如今作為鄂圖曼帝國首都，在土耳其人經營下，這座城市的希臘羅馬味道雖然已經褪色，但它的繁榮和宏偉程度，卻比從前更上一層樓。因為這座知名城市的影響力，鄂圖曼風格的服裝、藝術和文化現在就傳遍了歐洲。

也是因為如此，歐洲人對這位遠在東方的鄂圖曼蘇丹蘇萊曼一世有著一種幻想。本來，歐洲人還沒有人熟悉他時，覺得他對東歐的征服、對西歐的侵擾嗤之以鼻，覺得他又是另一位野蠻人，貶稱他為「天國的禍害」。但現在，他們卻開始稱他為「偉大者」。

那麼，究竟蘇萊曼一世有著怎樣的形象呢？說來，他在宮廷裡喜歡穿著長拖著地的、用絲緞編織的束腰長袖長袍，內裡是以黑貂皮製成的襯衣。其豪華程度之高，就算是歐洲最奢華的君主，跟他相比都會顯得十分寒酸。有時候，蘇萊曼一世會穿著用柔軟的白麻布織成的襯衣，裡頭夾著白色的棉絮和玫瑰色的絲綢。而且這位蘇丹，每一件衣服只會穿一次。

除了衣著外，他用膳的鋪張也非常誇張。用餐室是個鋪著厚地毯和金布的大廳，餐桌和餐具都是白銀製的，酒杯則是由一整塊綠松石雕成。晚餐有超過五十款菜式，他身旁有兩百位穿著紅色絲綢衣服和金色刺繡帽子的僕人伺候。至於有什麼佳餚呢？在餐桌上，有數之不盡的海鮮美食，諸如龍蝦、鱘魚、蚌和旗魚等等，這些海鮮多來自君士坦丁堡對面的博斯普魯斯海峽。在歐洲，英格蘭國王亨利八世的放縱和暴食程度已是老少皆知，但如果跟蘇萊曼一世相比，還是失色不少。

土耳其風的紡織品和毛毯在歐洲逐漸興盛起來。位在威尼斯的總督宮（Doge's Palace），便充滿著鄂圖曼帝國宮廷風格的擺設和藝術。另外，位在英格蘭的漢普敦宮（Hampton Court）也是如此，宮裡有大量產自土耳其的紡織品和毛毯，這些東西在當時是富裕和精緻的代名詞。亨利八世在一些場合裡也會把自己打扮得像土耳其人一樣。

一五三二年，威尼斯商人為蘇萊曼一世製造了一尊王座。這尊王座用黃金鍛造而成，鑲有大量寶石和珍珠，製造成本高達四萬達克特金幣（Ducats，是當時歐洲流通的貨幣），價值連城。蘇萊曼一世經常坐在王座上，接受來自各地區的進貢品，例如埃及的棉花、敘利亞的錦緞、摩蘇爾的銀製碗碟、金布和青金石、阿拉伯的戰馬和毛皮等等，而這位蘇丹特別鍾情中國瓷器。

不只在宮廷，蘇萊曼一世的凱旋式也讓人留下深刻印象。一五三二年，他率兵進攻維也納，當時目睹的人是這樣描寫他的軍隊：

> 土耳其人軍隊前鋒是為數眾多的步兵，後面是揮動著新月戰旗的旗手，旗幟上面以寶石和珍珠刻著伊斯蘭先知穆罕默德的名字，從遠處看來閃閃發光。旗手後面是十二名騎士，各自戴著極為名貴、金光閃閃的寶石頭盔。其中一頂最著名的聽說是由威尼斯人製作的黃金頭盔，它鑲著十二克拉（寶石量度單位）的寶石如珍珠、鑽石、紅寶石和綠松石，是威尼斯得意之作。這頂頭盔的設計，與羅馬教宗的頭飾竟然極度相似。

蘇萊曼一世騎的戰馬也絕不平凡，所用馬鞍價值達七萬達克特，所戴馬盔鑲有如雞蛋一樣大的綠松石。他戴的頭巾用錦緞織成，同樣鑲著大量寶石，並染成當時極尊貴的宮廷紫（Royal Purple）。他脖子戴著一條黃金項鍊，因為項鍊太重的關係，他兩側經常有兩名僕人幫他托著減輕重量。

根據外國使節的描寫，蘇萊曼一世經常採納身邊謀士和大臣的建言。在接見來客時，大多不以該人的財富、地位或知名度作為首要考慮條件。反之，他會仔細了解來訪人的背景、性格和能力。

✧ 大刀闊斧的改革

在歐洲，蘇萊曼一世被稱為「大帝」，在國內卻有另一個稱號：「卡努尼」（Kanuni），意即「立法者」。他重新檢視了帝國的法律和行政制度，然後根據當時帝國的情況，在教育、稅制和刑法上實行了大刀闊斧的改革。蘇萊曼一世登基前，鄂圖曼帝國法制比較混亂，存在兩套法律：「卡努」（Qanun）和「沙里亞」（Sharia）。前者是世俗法律，後者則是伊斯蘭教法，很多時候都有相互矛盾的情況。蘇萊曼一世的改革成功把這兩套法律融合在一起，並稱之為Qanun-e-Osmani，也就是「鄂圖曼法」，成為帝國往後三百年的法律基礎。

蘇萊曼一世也十分推崇藝術和哲學，在財政上大力資助這些範疇的發展。如此一來，帝國出現了不少著名人物，例如書法家卡拉希薩里（Ahmad Karahisari）和藝術家美米（Kara Memi），他們經常被邀請到宮廷交流。蘇萊曼一世自己也身體力行。原來，鄂圖曼帝國有一個傳統，就是歷代蘇丹都會在年輕時學習一門工藝，蘇萊曼一世當然也不例外，他學的是金匠工藝。他曾親自監督托卡比皇宮裡工作的工匠。他還實行了一個很龐大的建築計畫，資助當時最偉大的建築師希南（Mimar Sinan），建成了在後世極著名的清真寺——蘇萊曼尼耶清真寺（Süleymaniye Mosque）。

✧ 深愛著皇后的詩人

前文曾提到，蘇萊曼一世另一個身分是位才華洋溢的詩人。他的筆名「穆哈比」（Muhabbi），便是「摯愛的朋友」的意思。他的創作多為抒情為主，有種神祕、謙遜和真誠的感覺，多抒發他對自身高位的孤獨感、對國家的愛戴、對命運的接受和對美好事物的喜愛。

他經常寫詩給他最珍愛的皇后。這位皇后來自羅馬尼亞，名叫羅克塞拉娜

（Roxelana），本來是位東正教徒，因為一些劫難，被賣到君士坦丁堡成為奴隸，進入鄂圖曼帝國宮廷，無意間得到了蘇萊曼一世的青睞，後來輾轉成為他的皇后，後世稱之為許蕾姆蘇丹（Hurrem Sultan）。更有名的是，蘇萊曼一世為了這位出身寒微的皇后，表達對許蕾姆蘇丹的愛慕，不顧朝野的反對，在多個方面都把既有的土耳其婚姻傳統打破了。

✧ 土耳其史上的一代明君

晚年的蘇萊曼一世不再奢華，變得異常樸素。他的晚年生活基本上放棄了所有奢華服飾、珠寶、黃金、酒、詩歌和音樂，轉而在宗教上尋找寄託。一五六六年，蘇萊曼一世病逝，終年七十二歲，死時還在跟查理五世的繼承者馬克西米利安二世（Maximilian II）打仗。為了不影響軍隊士氣，臨終前他要求大臣將他的死訊保密。

這位土耳其蘇丹的葬禮是這樣的：遺體先被洗淨，雙手交叉放在胸前，鼻子、眼睛和耳朵會用棉絨填充。然後，遺體會以一整塊絲綢包裹著，與許蕾姆蘇丹一起葬在他生前最喜愛的蘇萊曼尼耶清真寺，面向著聖城麥加。

蘇萊曼一世在位四十五年，是整個鄂圖曼帝國歷史中在位最長的一位君主，比他在歐洲的主要對手亨利八世、法蘭西斯一世和查理五世更長壽。他是唯一一位得到歐洲人極高評價的鄂圖曼帝國君主，在往後的歷史裡，再沒有一位鄂圖曼帝國君主能夠得到西方世界如斯的讚美和尊重。

悲慘童話國王：死因成謎的路德維希二世

✧ 歷史上的一個大謎團

如果你有到過德國旅遊，那麼你有很大機會曾到訪這個著名景點——位在巴伐利亞的新天鵝堡（Neuschwanstein）。新天鵝堡被譽為「童話故事裡的城堡」，華納迪士尼作品《睡美人》中的城堡便是以它作為藍本。

新天鵝堡是十九世紀時巴伐利亞國王路德維希二世（Ludwig II）下令修建的行宮。除了新天鵝堡外，路德維希二世還修

新天鵝堡。
（圖片來源：維基百科）

建了杜德霍夫宮（Linderhof）和海倫基姆湖宮（Herrenchiemsee），是美輪美奐的建築，成為現今德國的旅遊熱點。

不過，這位國王一生卻不是個美好的童話。他的死亡是歷史上的一個謎團，且可能是一宗謀殺案。事情是怎樣發生的？讓我們慢慢進入這宗懸案，透視各種疑點。

◇ 案發背景

路德維希二世十八歲便繼承了巴伐利亞王位，這年是一八六四年。他是個真文青，醉心於藝術、音樂和建築，對統治卻全不感興趣。不過因為這樣，他所主導修建的各種建築才會有這麼高的藝術評價。本來，他還想繼續修建更多宮殿，但其揮霍無度卻使王室承擔了巨債。路德維希二世的叔叔柳特波德（Luitpold）就為此十分苦惱。

隨著債務愈來愈大，路德維希二世的理財能力備受質疑。而且，為了取得更多金錢，他曾做過一些近乎犯罪的行為，因此聲望非常低。他一生並無結婚，也不願與大臣交流，整天只顧留在那個童話世界一般的城堡中，只透過信件去管治他的國家。

一八八五年，大臣們再也忍受不了路德維希二世無能的統治了。他們私下達成協議，要找方法結束他的合法統治權。不過，這並非一件易事，因為根據巴伐利亞的憲法，政府大臣不能因為君主無能而將他廢黜。要廢黜路德維希二世，只能透過證明他患上某些疾病，導致其在一年內無法有效履行作為君主的職責。

為此，這班大臣們想了一個辦法。一八八六年三月，他們找來了當時日耳曼最權威的精神病學教授伯納德·馮·古登（Bernhard von Gudden）為國王看病。伯納德的名字大家要記著，因為他是路德維希二世的死亡謎團一個最重要的人物。不過，他同樣是案件中的受害者。當他被委託給路德維希二世診斷時，這兩個人的喪鐘便已敲響了。

伯納德醫生要做的事情，並非要判定國王是否「瘋癲」，而是要判定國王是否「不能有效管治」，這兩個標準是極其不同的。根據巴伐利亞法律，如果國王的私人行為並不符合民事法，那麼他就會被斷定不適合統治。不過，被斷定不適合統治卻不一定是因為違反了民事法。因為要管治一個國家，所需要的技能和知識要求遠比維持日常生活要高得多。因此，所謂「不能有效管治」的法律定義便讓伯納德醫生有很大空間，為國王做出一個「合適」的診斷。

這個重要任務也不是全然交給了伯納德醫生一人獨自完成。大臣們為伯納德醫生蒐集了大量證據去證明路德維希二世的無能，但這一切都只算是片面之詞。所以，他們同時暗自在路德維希二世的垃圾筒裡，找出一些奇怪法令作為證據。同年六月八日，伯納德醫生和他的團隊在沒有考慮任何反面證據，或為國王本人做任何深入檢查下，就斷定路德維希二世患了妄想症，結論是嚴重影響他履行君主職責。

接著在六月十二日，柳特波德接替了路德維希二世的職務，成為巴伐利亞的攝政王，隨即下令將路德維希二世逮捕並送往位於貝格（Berg）的一座城堡中治療。

說白一點，這是一樁政變。路德維希二世被軟禁在城堡中，每天接受著「治療」。為了防範他逃走，他的「醫療團隊」拔掉房間門柄、封掉窗戶，派駐不少保安人員全天候在城堡外巡邏。鄰近的貝格鎮更實施了戒嚴令，村民入夜後被禁止外出。

路德維希二世只好乖乖接受妄想症的治療。伯納德醫生提供的療程強調休息、社交和日常運動，路德維希二世配合著這些治療，完全沒有反抗。當然，這極有可能是他的權宜之計。

✧ 案發經過

六月十三日凌晨時分，有人說周遭發生了奇怪現象。當凌晨十二點的鐘聲敲響，幾個士兵和宮殿侍從信誓旦旦地說他們看見幽靈穿過牆壁，進入了路德維希二世的房間和海倫基姆湖宮的祖先畫室。根據巴伐利亞傳說，這是隻穿著黑衣的幽靈，是死亡的信使。巧合的是，路德維希二世和伯納德醫生的死期果然近了。

那天清晨，路德維希二世和伯納德醫生出外進行第一次散步療程。他們沿著城堡附近的湖泊漫步，當時有一名男看護隨同出發。到了黃昏時分，天氣變差，他們卻堅決要進行第二次散步療程。伯納德醫生跟男看護說不需隨行。他這個要求，至今仍讓史學家摸不著頭腦，因為這種要求完全不符合他作為一個專業醫生的行為。

路德維希二世和伯納德醫生並沒有在預定時間返回城堡。城堡人員開始展開搜索。就在當天晚上十點三十分，搜索人員在路上找到了路德維希二世的大衣和雨傘。他們繼續沿路尋找，在湖邊找到了屬於他們二人的帽子。二十步左右後，他們終於發現了路德維希二世和伯納德醫生。兩人身體就在各自身旁，背部浮在湖面上。

搜索人員馬上為二人進行心肺復甦，卻為時已晚。晚上十一點三十五分，路德維希二世和伯納德醫生被宣告死亡。

事情經過就是這樣。那麼，究竟這件事有什麼可疑呢？讓我們在這裡列舉當時幾個發現：

一、路德維希二世和伯納德醫生帶著的懷錶分別停留在六點五十四分和八點零六分。

二、驗屍報告並沒有寫下路德維希二世的死因，只是陳述了他身體上有多處傷痕，肺部也沒有積水。

三、伯納德醫生並沒有被解剖驗屍。驗屍官只檢查他身體外部，發現他右眼瘀傷，紅腫了一塊，鼻子有傷痕。

四、伯納德醫生失去了一隻手指甲，而該手指甲最後在路德維希二世的大衣中找回。

以上種種發現揭示了一個重點：路德維希二世與伯納德醫生死前曾發生過打鬥。但奇怪的是，警察在事後並未封鎖現場，而國王的離奇死亡驅使很多好奇的民眾前往現場蒐證，人潮布滿湖泊沿岸和湖水中。這些人大多沒有經過專業的調查訓練，因此他們很多「驚人發現」，根本與案件無關，推論也五花八門，這起案件在當時討論十分熱烈。

可是，因為太多人的關係，使案發現場可能還存在的關鍵證據遭到破壞。就在六月十三日當晚，巴伐利亞政府下令禁止所有證人向包括牧師在內的任何人，透露自己的發現。

那麼，人們如何解釋這宗案件的發生？基本上，有四個推測。

◇第一個推測：自殺

第一個推測是官方認定的版本。這個版本斷定這是一樁自殺案件。根據官方敘述，路德維希二世因為被奪權及失去自由而感到抑鬱，於是他與伯納德醫生單獨外出時，趁機擺脫醫生的跟隨而跳進湖水中，想把自己溺斃。當伯納德醫生看到這情形時，便立即跳入水中，企圖阻止他自殺。在糾纏中，比較年輕力壯的路德維希二世殺死了伯納德醫生，自己也在湖裡溺斃。

這個推測其實有三點站不住腳的地方。首先，路德維希二世的懷錶停留在六點五十四分，伯納德醫生的懷錶則停留在八點零六分。也就是說，路德維希二世的懷錶比伯納德醫生的要早停頓。根據當時的製錶技術，懷錶並不防水，基本上一浸在水裡便很快壞掉而停頓。也就是說，路德維希二世很有可能比伯納德醫生要先死亡。不過，這不代表就能推翻官方報告。路德維希二世當時只穿著一件外衣，而伯納德醫生則還多穿了一件大衣。因為大衣較防水，懷錶可能因此被延遲了進水，所以伯納德醫生的懷錶才會在較晚時間停頓。

此外，伯納德醫生右眼的瘀傷造成了紅腫。如果伯納德醫生與路德維希二世的糾纏中被打死，那麼他的瘀傷不會造成紅腫。只有死前的瘀傷過了一段時間後才會導致紅腫。這就說明了伯納德醫生很有可能不是在糾纏中被路德維希二世殺掉。至少，在打鬥後他還存活了一段時間。

最後，官方報告稱路德維希二世是溺斃的。但在上文提過，路德維希二世的驗屍報告稱他肺部並沒有積水。然而，肺部沒有積水不代表他不是溺斃，因為事實上有一種名叫「乾性遇溺」（Dry Drowning）的現象。「乾性遇溺」是當遇溺者在氣管吸入了水分時，身體過度反應收緊氣管導致死者窒息而死，肺部便不會有積水。這種情況其實不常見，大概只有百分之十到十五的人因此而溺斃。如果以這種較低機率的情況判定國王溺死而不再做深入調查，就有點此地無銀三百兩了。

✧第二個推測：意外

第二個推測是意外死亡。路德維希二世和伯納德醫生可能在打鬥中雙雙墜進湖水中。當時湖水很冷，他們持續的打鬥可能使他們至少一個因為偶發性心臟病而死亡。

除意外死於心臟病外，還可能有其他死因。伯納德醫生隨身有帶備哥羅芳（Chloroform），用來制服發難的精神病人。哥羅芳中毒可能使他們其中一方暈到在水中然後溺斃。的確，曾有一名證人表示，路德維希二世身體散發著乙醚的味道，而乙醚是一種可以使人暈倒的藥物。

✧第三個推測：謀殺

至於第三個推測是最令人相信的——這是一宗謀殺案件。如果事情的發生有如官方報告所述，或真的是意外的話，政府就無需刻意隱瞞。諸如警方不封鎖現場而讓人群走入從而破壞現場證據，或禁止證人透露任何發現等等做法，都讓人聯想起這並不是一場單純的意外。

根據第三個推測，路德維希二世是被殺害的。伯納德醫生全程目睹過程發生，但因為主事者要防止他洩漏口風，最後他也被殺了。這也解釋了為什麼伯納德醫生會少見的要求看護不要跟隨他們散步。後來，有兩個聲稱是知情者的人在日記和臨終前曾揭露，他們其中一人是漁夫，在日記中提到當晚他恰巧看到有人槍擊國王，曾嘗試協助國王逃走。當國王逃上他的漁船後便被人從後槍殺。這名漁夫驚慌失措，把國王的屍體推入湖中後便開走漁船保命。他聲稱事後沒有把事實供出來，只暗中幫助搜索證據。另一個人則在臨終前跟女兒說，因為他心懷愧疚的關係，無法不把真相說出來。基本上，他也說國王是被槍殺的，所謂溺斃只是掩人耳目而已。

後來有人陸續提供更多證據。路德維希二世一名親戚甚至曾向客人展示了國王死前穿著的上衣，衣服上面有彈孔。另外有一名證人聲稱根據路德維希二世的死狀畫了一幅畫，國王口中正流著深色的液體。一名藝術史學者看過畫作後，明言國王口中深色液體是血液。種種跡象顯示，路德維希二世是被謀殺的。

不過，巧合的事情發生了。就在這些證人陸續出現後，那件有彈孔的外衣突然在一場火災中燒毀；漁夫被發現突然死去，日記則不知所終（漁夫在死前把最關鍵的一頁交給了一個當地的史學者，史學者後來把這頁公諸於世）。

也有醫生出來推翻了深色液體是血液的假設。他認為，當人乾性遇溺窒息時，會口吐白沫，然後口中會流出深色的體液，不一定是血液。而且，畫作是在驗屍後才畫的，深色液體基本上早在驗屍時就被驗屍官清除，不可能還存在國王口中。

✧ 第四個推測：誤殺

最後一個推測是誤殺。在貝格城堡附近，有巡邏士兵在附近巡邏，防止國王借機逃走。恰巧士兵看到遠方有兩人在湖水中拉拉扯扯，在天色昏暗的環境下，士兵可能誤以為那兩個是不懷好意的入侵者而槍殺了他們。如果事情屬實，巴伐利亞政府害怕失職而誤殺國王導致政局突變，很有可能為了掩飾而編造了故事，把事情鋪陳成國王自殺。

這推測同時代表了負責驗屍的醫生偽造了驗屍報告，因為在報告中並沒有提到有子彈造成的傷口。不過，這又出現了一個疑問。如果政府真的要掩飾，為什麼不偽造一份更全面的驗屍報告呢？例如，只要說路德維希二世肺部有積水，就能使官方報告的可信性大增了。因此，第四個推測，也不完全正確。

路德維希二世的死所以成為歷史上的一個大謎團，便是因為種種推測都似是而非，就算是自殺、意外、謀殺或誤殺，看似有道理卻總找到一些不合理的情況，無法圓滿解釋當晚發生的事。時至今日，史學家仍然對這件發生在百多年前的懸案毫無頭緒。路德維希二世曾在日記中寫道，希望他自己的人生能為後世留下一個永遠的謎題。而諷刺的是，他的死就真的實現了他的願望。

【Historia歷史學堂】MU0049

奇怪的歷史知識增加了！不能只有我知道的趣味歐洲史

作　　者❖seayu（即食歷史）
插圖繪者❖放藝術工作室
封面設計❖Ancy Pi、兒日
排　　版❖張彩梅
校　　對❖魏秋綢
總 編 輯❖郭寶秀
責任編輯❖邱建智
行銷業務❖許芷瑀

發 行 人❖凃玉雲
出　　版❖馬可孛羅文化
104台北市中山區民生東路二段141號5樓
電話：02-25007696
發　　行❖英屬蓋曼群島商家庭傳媒股份有限公司城邦分公司
104台北市中山區民生東路二段141號11樓
客服服務專線：(886) 2-25007718；25007719
24小時傳真專線：(886) 2-25001990；25001991
服務時間：週一至週五9:00～12:00；13:00～17:00
劃撥帳號：19863813　戶名：書虫股份有限公司
讀者服務信箱：service@readingclub.com.tw
香港發行所❖城邦（香港）出版集團有限公司
香港灣仔駱克道193號東超商業中心1樓
電話：(852) 25086231　傳真：(852) 25789337
E-mail：hkcite@biznetvigator.com
馬新發行所❖城邦（馬新）出版集團 Cite (M) Sdn. Bhd.(458372U)
41, Jalan Radin Anum, Bandar Baru Seri Petaling,
57000 Kuala Lumpur, Malaysia
電話：(603) 90578822　傳真：(603) 90576622
E-mail：services@cite.com.my
輸出印刷❖中原造像股份有限公司
初版一刷❖2021年12月
初版五刷❖2023年9月
定　　價❖380元

ISBN：978-986-0767-51-3

城邦讀書花園
www.cite.com.tw

國家圖書館出版品預行編目（CIP）資料

奇怪的歷史知識增加了！不能只有我知道的趣味歐洲史／seayu著. -- 初版. -- 臺北市：馬可孛羅文化出版：英屬蓋曼群島商家庭傳媒股份有限公司城邦分公司發行, 2021.12
面；　公分 --（Historia歷史學堂；MU0049）
ISBN 978-986-0767-51-3（平裝）

1.歷史　2.通俗作品　3.歐洲

740.1　　110018325